安徽省高校优秀青年人才支持计划一般项目（gxyq2019004）

安徽师范大学2021年学术出版基金项目（2021xjxm108）

批判理论视域中的身体话语研究

刘坛茹◎著

安徽师范大学出版社
ANHUI NORMAL UNIVERSITY PRESS
·芜湖·

图书在版编目(CIP)数据

批判理论视域中的身体话语研究 / 刘坛茹著. — 芜湖: 安徽师范大学出版社, 2023.6
ISBN 978-7-5676-6059-5

Ⅰ. ①批… Ⅱ. ①刘… Ⅲ. ①西方马克思主义—研究 Ⅳ. ①B089.1

中国国家版本馆CIP数据核字(2023)第101275号

批判理论视域中的身体话语研究 刘坛茹◎著
PIPAN LILUN SHIYU ZHONG DE SHENTI HUAYU YANJIU

责任编辑: 李晴晴　　责任校对: 阎　娟
装帧设计: 王晴晴　汤彬彬　　责任印制: 桑国磊
出版发行: 安徽师范大学出版社
芜湖市北京中路2号安徽师范大学赭山校区
网　　址: http://www.ahnupress.com/
发 行 部: 0553-3883578　5910327　5910310(传真)
印　　刷: 江苏凤凰数码印务有限公司
版　　次: 2023年6月第1版
印　　次: 2023年6月第1次印刷
规　　格: 700 mm × 1000 mm　1/16
印　　张: 11.25
字　　数: 176千字
书　　号: ISBN 978-7-5676-6059-5
定　　价: 46.00元

凡发现图书有质量问题,请与我社联系(联系电话:0553-5910315)

目　录

导　论

第一节　西方马克思主义身体话语研究缘由和意义

身体，在漫长的由柏拉图到笛卡尔的传统西方哲学发展中，往往处于幽禁、遮蔽的状态。在柏拉图看来，灵魂与身体是对立的，灵魂是高尚的，而身体是灵魂的枷锁，身体的欲望是导致人世间一切苦难、罪恶的罪魁祸首，所以，我们应该尽量不和肉体交往，不沾染肉体的情欲，保持自身的纯洁。《斐多：柏拉图对话录之一》中记载了一则关于苏格拉底的故事。苏格拉底即将赴死，但他却毫不在意，没有丝毫的惧怕，相反，他是快乐赴死，因为在苏格拉底看来，死亡只是脱离身体，是“灵魂和肉体的分离；处于死的状态就是肉体离开了灵魂而独自存在，灵魂离开了肉体而独自存在”[①]。在苏格拉底看来，如果肉体死了，反倒可以为灵魂解脱束缚，从此获得自由，这当然是再高兴不过的事情，所以，他高兴赴死。在后来的哲学传统中，身体遭受贬低、鄙视的思想一直延续了下来。比如，在奥古斯丁这里，认为身体及性是通达上帝之城的阻碍，应该施行一种禁欲主义。在笛卡尔这里，身体也是与心灵分开、对立的，身体不仅不具备通达知识和真理的能力，反而可能将知识带入歧途，只有心灵才是打开知识和真理大门的钥匙。在尼采以一种狂人式的愤世嫉俗发出“要以肉体为准绳……

① 柏拉图.斐多:柏拉图对话录之一[M].杨绛,译.沈阳:辽宁人民出版社,2000:13.

肉体乃是比陈旧的‘灵魂’更令人惊异的思想”[1]后，才颠覆了灵魂的独尊地位。尼采高调宣扬身体，贬低灵魂，他说：“我完完全全是身体，此外无有，灵魂不过是身体上某物的称呼。身体是一大理智，是一多者，而只有一义。是一战斗与一和平，是一牧群与一牧者。兄弟啊，你的一点小理智，所谓‘心灵’者，也是你身体的一种工具，你的大理智中一个工具，玩具。”“兄弟啊，在你的思想与感情后面，有个强力的主人，一个不认识的智者——这名叫自我。他寄寓在你的身体中，他便是你的身体。”[2]至此，身体才终于得以挣脱精神和灵魂的束缚，以一种胜利者的姿态得到呈明、显现。此后，经过巴塔耶的色情的身体、德勒兹的生产性欲望身体、福柯的铭刻的身体、梅洛·庞蒂的知觉身体、布迪厄的习性身体，以及各种女性主义身体理论等的发展，身体的地位日益突出，并在理查德·舒斯特曼这里被确立为身体美学：“对一个人的身体——作为感觉审美欣赏（aesthesis）及创造性的自我塑造场所——经验和作用的批判的、改善的研究。”[3]可以说，关于身体及身体美学的研究日益深入，尤其是在当今这个后现代消费社会，形形色色、纷繁复杂的身体理论走进了我们的研究视野，并成为对相关社会现象和问题进行学术研究的重要理论借鉴之源。于是，在理论探索和文本解读中，各种身体术语轮番轰炸般地成为当前学术研究无法挥去的存在。

但是，在这种喧嚣聒噪的身体研究语境中，马克思及西方马克思主义理论中是否具有身体话语，以及具有何种类型的身体话语，并没有得到认真的挖掘和梳理，而这无论是从开拓西方马克思主义的研究视角，还是就深化身体话语研究的深度而言，都理应得到充分的重视。实际上，西方马克思主义理论中蕴含丰富的身体话语，准确地说，应该是一种批判理论视域中的身体话语。批判理论由德国哲学家霍克海默首先提出，他认为经典

---

① 弗里德里希·尼采.权力意志：重估一切价值的尝试[M].张念东，凌素心，译.北京：商务印书馆，1991：152.

② 尼采.苏鲁支语录[M].徐梵澄，译.北京：商务印书馆，1997：27-28.

③ 理查德·舒斯特曼.实用主义美学[M].彭锋，译.北京：商务印书馆，2002：354.

马克思主义理论的核心内容就是批判，但在后期的马克思主义发展过程中，批判性减弱，实证性增强。而法兰克福学派的阿多诺（在其他相关引文中又被译作“阿道尔诺”“特奥多·阿多尔诺”，后文中有出现）、马尔库塞、哈贝马斯等人则重新拿起批判利器，试图将马克思的批判理论发展成一种思想体系，对现代资本主义社会的文化和精神进行分析、批判。所以，西方马克思主义的身体话语，本质就是一种批判理论视域中的身体政治话语。

当然，在提及西方马克思主义的身体话语概念之前，首先需要对身体话语概念作出梳理。“身体话语”，从字面上可以理解为对于身体的言说和叙述，但具体到西方马克思主义那里，则有另一种含义。“身体话语”中的“话语”一词借用了福柯的“话语”概念，原本是一个语言学概念，后来扩展到社会文化领域，话语开始与社会文化联结。福柯把话语与权力联系起来，认为话语本身包含着权力策略，是各种权力关系交织的网络，有规训，也有反抗。在福柯的话语概念下，身体话语则意味着其是充满权力色彩和意识形态性的，是关乎身体的规训和反抗的。另外，也需要对西方马克思主义概念作出一定辨析。严格意义上说，“西方马克思主义”这一概念最早是由法国哲学家卡尔·柯尔施提出来的。20世纪20年代后，尽管社会主义革命在俄国取得成功，但在西欧诸国相继失败，随之在文化上、意识形态上兴起革命的马克思主义流派，如法兰克福学派、存在主义马克思主义、弗洛伊德主义马克思主义、结构主义马克思主义、新实证主义马克思主义等。尽管西方马克思主义流派众多，但并非每一位西方马克思主义者都有明显的身体话语概念。因此，本书在选择西方马克思主义身体话语时，多选择那些与经典马克思主义在某种程度上有继承关系的学者，至于那些与经典马克思主义有关联，但并非主流的身体话语并未选择，如巴赫金的身体话语、梅洛·庞蒂的现象学身体话语，并未作为本书的主要研究对象。另外，尽管当前盛行的文化研究也尤为注重身体话语研究，但在很大程度上已经不再是伊格尔顿的所谓的黄金理论，而属于后理论，所以也不作为研究对象。

当代著名的英国马克思主义文学理论家和文化评论家伊格尔顿，在他的著作《审美意识形态》中，以身体作为理论起点和线索，将审美与意识形态联系起来，使身体成为审美意识形态的一个踏实的物质基础。在此基础上，伊格尔顿审视了西方诸家美学理论中的身体话语资源，认为康德、席勒、黑格尔、叔本华等人对于身体是忽视或缺失的，但现代化时期的三个最伟大的美学家却致力于身体工程的研究："马克思通过劳动的身体，尼采通过作为权力的身体，弗洛伊德通过欲望的身体来从事这项工程。"[①]他对于马克思的身体话语尤为重视，并以此为线索，评述了法兰克福学派阿多诺和本雅明美学理论中的身体话语。伊格尔顿在《审美意识形态》中对于西方马克思主义学者理论中的身体话语的评述，不能不引起我们进行一番思考和发问：在当代社会的诸种身体话语之音中，西方马克思主义学者是否也在思考身体，也在自己的理论领域中进行身体话语的探索？因为按照以往的理解，西方马克思主义作为一个经典马克思主义之后的理论流派，某种程度上是脱离宏大的社会政治、经济实践的产物，具有浓厚的乌托邦色彩，注重的是意识形态批判，对于身体则没有给予足够重视。中国学者汪民安对于马克思及西方马克思主义理论中的身体话语，则给予了肯定性的认可，他认为，在马克思这里，身体和历史第一次形成了政治经济关系，身体的饥寒交迫成为了历史的基础性动力，但同时他也提出，这并不意味着意识从历史的舞台黯然消退。因为马克思相信，除了身体的基本满足外，还存在一个历史的最后和最高的要求，即人性理想。而人性不仅仅是身体性的，更主要应理解为一种精神的自洽，革命的目的就是将人性从奴役状态中解放出来。身体固然是改造的动力，但具体的改造还是应从意识着手："意识和意识形态成为各种势力的争斗场所，意识形态改造成为历史变革的重要环节。这些是后来的各种各样的马克思主义者——卢卡奇、葛兰西、阿多诺、阿尔都塞等——大显身手的领域。"[②]从伊格尔顿和汪民安的论述中可以看出，马克思及西方马克思主义理论中的身体话语是切切实实存在

① 伊格尔顿.审美意识形态[M].王杰，傅德根，麦永雄，译.桂林：广西师范大学出版社，2006：192.

② 陈定家.身体写作与文化症候[M].北京：中国社会科学出版社，2011：52.

的，只不过伊格尔顿对于西方马克思主义理论中的身体话语尤为强调，汪民安尽管肯定了马克思及西方马克思主义身体话语的存在，但强调了其关注焦点在于意识形态，身体被有意或无意遮蔽。尽管如此，两者对于西方马克思主义理论中的身体话语存在的确认，是不容否定的，只是他们思考问题的出发点不同而已，但这却可以为我们研究西方马克思主义理论中的身体话语提供事实依据和逻辑可能性。

在笔者看来，之所以应该对西方马克思主义理论中的身体话语予以关注和探讨，主要缘于两个问题域。

问题域之一：西方马克思主义仅仅注重意识形态批判吗？

西方马克思主义理论的批判形态，如果从物质与意识、身体与精神角度进行分类，人们一般会认为其属于意识的、精神层面的批判，简言之，意识形态批判。从经典马克思主义开始，便把追求完美的人性作为历史最高的要求。意识形态是一个在内涵和外延上错综复杂、歧义横生的概念，英国的大卫·麦克里兰曾说过："对意识形态的任何考察都难以避免一个令人沮丧的结论，即所有关于意识形态的观点自身就是意识形态的。"[①]意识形态的概念固然复杂，但并不意味着我们难以把握。如果从学术史上进行概念梳理，可以明确，"意识形态"一词最早是由18世纪法国的学者特拉西提出来的，意指一种观念的科学（Idea-logy），目标是为了"像理性地认识身体那样精确地描述心灵"，"把心灵和灵魂的解释权和守护权从宗教权威那里夺过来，在摧毁形而上学偏见的同时赋予知识和认识科学化和合理性的精神"[②]。由此可以看出，"意识形态"从其提出始，就是指向精神、意识层面的东西。到了马克思、恩格斯这里，他们对意识形态作了比较成熟和丰富的阐释，意识形态可以指在一定的生产方式和社会经济基础上产生的思想和观念体系，包括法律、宗教、艺术和哲学等；也可以指作为批判对象的虚假意识，即对社会现实的歪曲的、错误的反映；当然，还包括

① 大卫·麦克里兰.意识形态[M].孔兆政，蒋龙翔，译.长春：吉林人民出版社，2005：2.

② 段吉方.意识形态与审美话语：伊格尔顿文学批评理论研究[M].北京：人民文学出版社，2010：68.

从中性意义上使用的思想和观念的生产等。后来的德国思想家曼海姆发展了意识形态的概念，他把意识形态概念分成两种，一种是特殊概念，指“对某一状况真实性的有意无意的伪装”[1]；一种是总体概念，指“某个时代或某个具体的历史——社会集团（例如阶级）的意识形态”[2]。

在意识形态概念的发展上，除了经典马克思主义理论外，西方马克思主义也作出了重要贡献。在后来的西方马克思主义学者那里，意识形态批判更是成为他们大显身手的领域。西方马克思主义的奠基人卢卡奇在《历史与阶级意识》中提出了如何培育无产阶级革命意识的问题，他认为社会现实已经异化，工人运动是无法培育革命意识的，无产阶级只能依托自觉产生的革命意识。葛兰西、阿尔都塞分别探讨了文化霸权和意识形态国家机器如何对人实施一种驯服式的权力运作。法兰克福学派尤为注重对于资产阶级的工具理性和大众文化的意识形态的揭示和批判。伊格尔顿、列斐伏尔、詹姆逊等人也都注重以意识形态作为批判社会文化的理论工具。正因如此，人们才会认为，西方马克思主义的理论批判主要集中在人的精神、意识上，通过揭示和批判资产阶级社会对于人的精神异化，要求恢复人的精神完善。但人本身显然不仅仅具有意识的一面，而应该是意识和身体的统一体，资产阶级社会在异化人的精神的同时，也异化着人的身体，因此，只有意识形态批判还不够，还需要从身体层面进行批判。福柯的权力批判已经剔除了意识形态，主要集中在对个体身体的权力规训和压抑机制的批判上。在他的身体批判中，可以“在不同的经验领域，在不同的历史时刻，发现了不同的理性化过程，从而发现了不同的权力形成，最终导致不同的个体形式和主体形式”[3]。只不过，福柯的身体批判也有一些局限，“没有马克思的阶级斗争，没有卢卡奇的阶级意识，没有葛兰西的文化霸权，没有阿尔都塞的意识形态国家机器，所有通过意识形态灌输而引发革命和抵

① 曼海姆.意识形态与乌托邦[M].黎鸣，译.北京：商务印书馆，2000:56.

② 曼海姆.意识形态与乌托邦[M].黎鸣，译.北京：商务印书馆，2000:57.

③ 汪民安.福柯的界线[M].北京：中国社会科学出版社，2002:283.

抗的理论都不存在”[①]。也正是因为如此，赛义德批评福柯的权力批判“不涉及革命、反霸权或历史阻滞。在人类历史上，总有一些东西越出了支配体制领域之外，不论这种体制如何根深蒂固。而这就使变革成为可能，限制了福柯所说的权力，使那种权力理论步履艰难”[②]。应该说，赛义德建立在意识形态基础上的对于福柯的批评，是有一定道理的。比如，赛义德认为，在葛兰西的意识形态理论里，一个阶级的霸权统治，对于被压迫阶级而言，并非是没有反抗、颠覆的可能，还有可能两者相互妥协。从上述分析可看出，意识形态批判和身体批判各有其优势和局限，那么在此试问：西方马克思主义是否仅仅注重意识形态批判？西方马克思主义是否可以把意识形态批判和身体批判融合起来，扬其优势，弃其局限，从而进行批判呢？

问题域之二：是否存在一种能够弥合身体本质主义和建构主义之争的身体话语呢？

在西方漫长而复杂的身体话语研究史上，一直存在着身体本质主义与建构主义之争。建构主义的身体话语以福柯和布迪厄为代表，他们从不认为身体是一种单纯的生理现象，而是强调身体是社会建构的产物，是被社会物质和意识形态所铭刻、压制，被动的、缺乏反抗性的身体。福柯在自己的系谱学研究中发现，任何社会事件的起源和发展无不与身体密切相关：人的身体在历史上的各种不同的遭遇，就是各种社会历史事件的见证；在人的身体上面留下了各种社会历史事件的缩影和痕迹。身体成为不折不扣的社会历史事件的烙印[③]。在《规训与惩罚》中，福柯以监狱史为例，分析了社会对于身体的管制与规训。在古代社会的监狱中，对于被统治者的规训与惩罚采取的是残酷的刑罚和体罚，而在现代社会，规训身体的策略则发生转变，开始采取科学的、文明的手段来规训身体。这种规训方式在现代资本主义社会的各种纪律化、组织化机构中层出不穷，都是为了把被统

① 汪民安.福柯的界线[M].北京:中国社会科学出版社,2002:249.

② 汪民安.福柯的界线[M].北京:中国社会科学出版社,2002:254.

③ 高宣扬.当代法国思想五十年:上册[M].北京:中国人民大学出版社,2005:272.

治者的身体改造成为驯服的、合乎自己统治需要的身体。布迪厄注意在变化的日常经验中探讨身体性质的重大差异，尤其是由于他们自身的社会习性带来的身体差异。人在社会场域中，会拥有不同的文化资本，而文化资本就是通过外在的身体的特定实践表现出来的，比如，农民和知识分子等在衣着和饮食上便会有很大不同。

本质主义的身体话语以梅洛·庞蒂为代表，强调身体是世界的本源，社会的建构源自身体本身的能量和动力，这是主动的、具有反抗能力的身体。梅洛·庞蒂为了克服以往哲学中的身心二元对立的缺陷，发展了一种身体现象学。在身体现象学的描述中，他首先推翻了纯粹意识的、思辨的主体，让其立足于身体上，但这个身体既非纯粹物质，也非纯粹精神，而是物质和精神、心理意向与身体运动的融合。这样，处于“物质”和“精神”之途的“肉”，综合了灵性化和肉身化双向进程，并因此把身体提升到了世界本体的地位。当身体被赋予了意向性主体地位后，其便成为世界意义的核心：“身体经验使我们认识到某种不是由一个有普遍构成能力的意识给予的意义，一种依附于某些内容的意义。我的身体是如同一种普遍功能那样运作的意义核心。”①如此一来，便可以从身体这个角度出发去感知世界的活动和意义，身体建构了社会，身体成为世界的本源。

应该说，无论是建构主义的身体话语，还是本质主义的身体话语，都存在着各自的不足和缺陷。建构主义的身体话语一味强调身体是由社会建构的，只看到了身体的被动性而没有看到身体的主动性。本质主义的身体话语则是只看到了身体本身的生存体验及其社会意义，过于强调了身体的主动性，而没有看到任何身体其实都不能够脱离社会的影响和建构。在此基础上，也就不难理解这两种身体话语争吵得不可开交的原因了。

因此，围绕这两个问题域，我们可以设问：西方马克思主义理论中的身体话语如何呈现？具有何种理论特征？它们是否能够在解决这两个问题域上，给出满意的答案呢？对于这些问题的回答，既是本课题研究的动力，

---

① 杨大春.语言·身体·他者：当代法国哲学的三大主题[M].北京：生活·读书·新知三联书店，2007：156.

也是研究的意义。考虑到在西方马克思主义各派各家的理论中，并不是每个人的著作中都包含着身体话语，因此，本书主要以经典马克思主义的身体话语为起点，然后选择了阿多诺、本雅明、马尔库塞、伊格尔顿、列斐伏尔为研究对象的代表，围绕特定语境中身体的异化和抵抗，来挖掘和透视西方马克思主义身体话语。

第二节 西方马克思主义“身体”的呈现形态及理论来源

当我们准备对西方马克思主义的身体话语进行研究时，便会发现有诸多困难出现在我们面前。由于西方马克思主义学者的论著规模庞大、思想复杂，支系流派众多，在关于身体话语的概念和理论论述上并不一致，存在错综复杂之处。例如，在阿多诺、本雅明、马尔库塞、伊格尔顿、列斐伏尔等人的论述中，“身体”这个概念所指并不完全相同，他们都是在各自的问题域中使用身体这个概念的，有相同之处，也有不同之处。即使经典马克思主义理论中的身体话语，也缺乏详尽的辨析、解读。因此，我们要追根溯源，对西方马克思主义学者的身体话语进行一定的甄别和梳理，并且详细探讨其身体话语的理论渊源。此外，由于西方马克思主义学者并没有专门关于身体话语的论著，身体话语多是掺杂在以文化、美学、文学、艺术、政治、经济等相关论题的文本话语叙述中，而且多为片段式和零碎式呈现，所以，西方马克思主义的身体话语体系并不系统和全面。这也同样需要我们对其身体话语的呈现文本作出梳理和归纳。

一、身体话语的理论渊源

“身体”在英文中的单词是“Body”，这与肉体“Flesh”不同，肉体是一个纯生理学概念，只是身体的一个维度和一个层次。而身体是多维度、多层次的概念，随着性别和民族的不同而不同，随着历史境遇的改变而改变。大卫·勒布雷东曾对“身体”概念作过总结，认为身体具有多义性。他认为在以整体论为基础的传统社会里，人不可分割，身体不是分裂的对象，人被融入宇宙、大自然与群体中，身体的形象就是自我形象，将身体看作是人可分离的一部分，这一观点只有在个人主义的社会结构中才能得以确证。在这样的社会，人们彼此分裂，各自有着主观能动性和价值观。在《圣经》的世界里，人等同于身体，身体即人本身，别无他物。除此之外，身体在其他地区和社会里，代表的含义也不同。例如，在非洲的农村，人并非以身体的外形为界限，自我封闭，那里的人们认为人的皮肤及其身体的外形不能划定其个体的界限。在西方，人们认为身体发挥着社会能量开关的作用。“身体”的定义总是被人的定义所覆盖。

在身体类型和形态的划分上，具有多种划分方法，美国的约翰·奥尼尔在其著作《身体形态：现代社会的五种身体》中曾把现代社会的身体分为五种：世界身体、社会身体、政治身体、消费身体和医学身体。此外，有学者还认为可以把身体分为外在直观、生命的本能需要、生产力主体、自然性和社会性的叠加等形态。

与此相对照，可以说，西方马克思主义理论中的身体绝非单纯指自然生理意义上的身体，不是纯粹的生命本能和肉欲，其认为身体既是自然存在，也是社会文明的承载体，是这两方面的综合。在西方马克思主义看来，现代文明在带来社会进步的同时，往往也摧残着人的身体，使人的身体处于异化的境地，同时人的身体又潜藏着抵抗现代文明残酷性的一面。总而言之，西方马克思主义的身体是自然性和社会性的综合。

但是具体到阿多诺、本雅明、马尔库塞、伊格尔顿、列斐伏尔等西方马克思主义学者的理论本身，由于他们的身体理论来源并不完全相同，因此，在相同中又存在差异。

例如，阿多诺的身体理论表述主要体现在《启蒙辩证法》中。阿多诺认为，历史与人类身体之间的关系密切，历史导致身体肢解。分工既是享受，又是劳动，具有一种非凡的野蛮力量，统治阶级越是依赖于他人劳动，就越发蔑视劳动，他们诋毁劳动，就如同斥责奴隶一样。基督教虽然赞颂劳动，却又非常鄙视身体，称肉体是万恶之源。劳动宣告了资产阶级秩序的来临。资产阶级从其他人的劳动时间中收受钱财，劳动者却承受着越来越大的压力。劳动者模糊地意识到统治权力对身体的鄙视，不过这是他们深受压迫的意识反映。所有祭祀的牺牲品，甚至包括现代殖民地民族所遭受的苦难，都像古代奴隶一样经历了同样的命运；他们必定被当成下贱的人[①]。在历史上，种族被划分成高贵的种族和低下的种族两种，低下的种族人们的身体是遭受剥削的，被确定为“恶”，高贵的种族注重分享精神，被认为是善。这种种族划分，强化了人们对于身体的爱憎关系。个人与身体之间及个人与他人身体之间的关系说明，非理性和不公正的统治本身就是一种残酷，“尼采，特别是萨德关于残酷的理论，认识到了这个因素的重要意义，弗洛伊德有关自恋情结和死亡本能的学说，也为此提供了心理学的解释”[②]。哈贝马斯在评价阿多诺《启蒙辩证法》中的身体理论时，认为其很大程度上受到了尼采身体理论的影响。

阿多诺身体话语的另一个来源，与他的实际经验有关。这主要缘于现代工具理性对于身体的戕害，如法西斯主义残害身体的冷酷现实，促使他不得不去思考身体问题和反思现实。阿多诺很早就认识到，对身体的爱憎，会影响到一切文化。文化把身体定义为可以占有的东西，把身体和精神、身体与权力区分开。在西方文明史上，统治者对于身体偏爱有加，对于身体的关注自有社会目的，成为维护其统治的重要手段。在这种机械的身体统治下，尽管浪漫主义尝试复兴身体，但这种理想终究失败，身体变得死气沉沉、残缺不全。这完全是由现代启蒙理性和进步带来的。进步并没有带来阶级之间的和解，相反粉饰了这种不公。尤其表现在大众文化工业上，身体和精神相互统一的形象已经消失。法西斯主义拿起杀害人的身体的武器，用手枪和皮鞭迫害囚犯。身体已经被权力牢牢把握住。统治者已经把

① 霍克海默，阿道尔诺.启蒙辩证法：哲学断片[M].渠敬东，曹卫东，译.上海：上海人民出版社，2003：263-264.

② 霍克海默，阿道尔诺.启蒙辩证法：哲学断片[M].渠敬东，曹卫东，译.上海：上海人民出版社，2003：264.

意识形态注入身体中，使身体发生异化，并把自己的爱憎注入身体。利用残酷直接的方式，向身体表露爱憎：他们推翻了所能触摸到的一切，他们毁灭了他们能看到的一切，这种痛恨，正是他们对物化作用所产生的深仇大恨。法西斯主义者精心培育仇恨，使之成为统治者治理国家、奴役人民的治理术。他们把人类还原为一切物质实体，认为人民可以任由驱使、屠杀。

本雅明的身体理论受到马克思的劳动身体异化和商品拜物教理论影响，还有布莱希特的政治身体、共产主义的革命身体，以及超现实主义的身体意象，都对本雅明产生过影响。为了表现人类生命状态，除去以精神作为表现手段外，更主要是以身体作为表现手段。所以，在超现实主义的作品中，以身体作为表现对象和手段的作品很多。例如，乔-彼得·威特金（Joel-Peter Witkin）的作品多表现肢解的尸体，真人模特的身体都是残缺不全和难以辨析的。奇奇·史密斯（Kiki Smith）在创作雕塑时，表现的身体都是丧失了基本功能性的。D.查普曼（Dinos Chapman）、J.查普曼（Jake Chapman）创作的人体模型，也多是表现荒诞离奇、支离破碎的身体结构。超现实主义的身体元素多是变形而扭曲的，这对本雅明的身体话语也产生了很大影响。

就马尔库塞而言，由于他片面认为马克思只注意到了主体的社会政治革命性，忽视了身体的本能性和情感性，所以，他主张把弗洛伊德的本能和爱欲理论与马克思的身体理论相结合。对于伊格尔顿而言，他对当代美学、文化研究中的诸家身体理论有着清楚的认识，在《审美意识形态》一书中，一个重要的主题就是关于马克思、尼采、弗洛伊德、福柯等人的身体理论的阐释，这些理论对伊格尔顿影响很大，成为他进行审美意识形态和文化政治研究的重要理论来源。

列斐伏尔身体话语的理论来源更是广泛，马克思的社会实践、身体和自然之间的辩证思想，海德格尔的个体存在异化思想，梅洛·庞蒂在身体感觉的创造性上的强调，以及尼采的身体理论，都对列斐伏尔有所影响。但列斐伏尔并不是一味地照搬接受，而是在批判基础上进行汲取、综合。

由此可见，法兰克福学派、伊格尔顿、詹姆逊、列斐伏尔等人在对外部身体理论的汲取上，是广泛多样的，由此形成了各自独特的身体话语。但存在的不足是，他们之间在身体理论的汲取和承继上缺乏互动联系，除了伊格尔顿在《审美意识形态》中评论了阿多诺、本雅明的身体话语外，其余各家基本上在自己的理论视域内自言自说。这也便在某种程度上造成了西方马克思主义的身体话语缺乏系统性，未能建构出完整、成熟的身体理论，这也是其长期被人们所忽视的主要原因。

二、身体话语的文本呈现

对西方马克思主义身体话语进行研究，面临的一个重要问题就是梳理和阅读包含有身体话语的文本。相较于一般身体理论家的身体话语要么集中在专著、专章、专节的理论表述中，要么通过集中的文学和艺术批评进行阐述，西方马克思主义身体话语的文本呈现，则犹如一个“大杂烩”，不仅分散难觅，而且杂糅在众多形态的文本中，这就为研究工作的实施增加了难度。但总括之，可以分为以下四种。

第一，身体作为美学话语而存在。例如，伊格尔顿在《审美意识形态》一书中，提出了美学的物质基础是身体，从而奠定了审美的唯物主义基础。马尔库塞在《审美之维》中提出，在资本主义社会，人所遭受的压抑和异化实质上是爱欲的异化，而要实现人的本质自由和爱欲解放，应该建构一种审美新感性。审美新感性的政治表现是身体和历史的结合。

第二，身体作为文学话语而存在。本雅明在《德国悲悼剧的起源》中阐释了身体的受难与寓言性；在《弗兰茨·卡夫卡》中，打捞了被遗忘的异化身体。伊格尔顿通过分析丁尼生的文学作品《公主》、理查逊的文学作品《克拉丽莎》，认为身体政治应与经济、阶级意识相融合。阿多诺通过分析荷马史诗《奥德赛》和萨德的小说，不仅揭示了在启蒙成为启蒙神话的语境中，女性在身体上所遭受的压抑和异化，并且提供了一种培育女性身体抵抗性和解放女性身体的路径，这对于当代女性主义批评的发展，也有所启示和促进。

第三，身体作为艺术话语而存在。本雅明在《机械复制时代的艺术作品》中提出了受众的身体政治，即把电影技术与政治结合起来，建构一种具有左翼功能主义和胜利主义的革命社会主义身体。

第四，身体作为社会、政治、经济话语而存在。列斐伏尔在《日常生活辩证法》和《空间的生产》中，借鉴了马克思的异化理论，探讨分析了日常生活和空间对于人的身体的异化和压制，同时又从身体中挖掘了反抗和解放的力量，以实现“总体的人”的理想。身体在阿多诺的辩证法理论中是一个易被忽视但又极其重要的问题。阿多诺在《启蒙辩证法》《否定的辩证法》中，论述了在同一性支配下的启蒙理性，使身体处于多方面的异化中。而为了抵抗同一性的暴力，阿多诺祭出了否定辩证法的非同一性利器，而非同一性的客体要素具体落实在身体经验上。“对身体的爱憎，影响到了一切现代文化”，具体表现为：辩证法理论中的身体问题与女性主义批评，奥斯维辛集中营中的痛苦身体记忆机制影响了他对大众文化的评价。

第三节　国内外研究综述

一、国内研究综述

在国内，马克思主义及西方马克思主义理论中关于身体话语的研究，尽管取得了一些成果，但无论从数量还是深度上来看，只能说仅仅处于起步阶段，仍不够成熟，需要继续拓展和推进。例如，在有限的研究成果中，多是关于个别人的研究，并且主要集中在马克思和伊格尔顿的身体话语研究上，且成果较少。关于马克思身体理论研究的成果有：董希文的《马克思〈手稿〉中的身体观念及其当代美学意义》、李重的《实践的身体：对马克思哲学解读的另一种可能》、伍小涛的《隐而不显：马克思主义的身体观》、张璟的《马克思身体哲学的当代解读》、李成实的《马克思身体理论研究——身体：理解马克思的哲学变革的新观点》（湖南师范大学，2008年）、张璟的《马克思身体理论探析》（吉首大学，2011年）等。关于伊格尔顿身体话语研究的成果有：李永新的《身体是审美意识形态的物质基础——伊格尔顿审美意识形态理论中的身体问题》、袁春红的《以身体的名义建构审美意识形态话语——伊格尔顿的美学批评观》、许勤超的《伊格尔顿的身体政治批评话语》和《文化哲学视域下的身体政治批评——伊格尔顿的身体政治批评浅析》、段吉方的《分裂与僭越——伊格尔顿〈审美意识形态〉的美学分析》、方珏的《美学意识形态和身体政治学——略论伊格尔顿美学意识形态理论》、李子芯的《伊格尔顿美学中的身体主体性论析》、王伟的《身体、美学与政治——论伊格尔顿的身体观》、姚文放的《“肉体话语”与“文化政治”——伊格尔顿对于经典美学解构与重构的后现代启示录》等。这些关于伊格尔顿身体话语研究论文的内容主要是围绕《审美意识形态》这本书进行论述的。而实际上，在伊格尔顿的其他著作中，如《文化的观念》《后现代主义文化》《理论之后》等，也集中或分散地论述到了身体问题，它们都应该共同作为一个整体来探讨。并且，也应该把伊格尔顿的身体话语放在整个西方马克思主义身体话语的理论背景下进行分析，这样，才会拓展伊格尔顿身体话语研究的广度和深度。另外，也有几篇硕士论文是以伊格尔顿的身体话语为选题的，如尚丹露的《身体·审美·意识形态——伊格尔顿审美意识形态理论述评》（江西师范大学，2006年）、李帅的《伊格尔顿“重建身体话语”研究》（辽宁大学，2009年）等。应该说，这几篇硕士论文对伊格尔顿的身体话语探讨，在某种程度上，有一定的全面性，但是，学界在对其他一些身体话语论题上，例如，对于身体与文化、与悲剧、与后现代文化、与道德等的探讨仍不够深入，应该予以关注，并进行充分的分析。

学界除了对伊格尔顿的身体话语有较多研究外，关于列斐伏尔的身体思想理论也有一批研究成果，如朱羽的《现代性的空间与美学阐释——以列菲弗尔空间理性为中心》，分析了列菲弗尔（又译“列斐伏尔”）以身体为中介，建立起了空间激进政治美学，但相对于列斐伏尔著作的全部身体思想，可以进行更充分的探讨。路程的《列斐伏尔空间生产理论中的身体问题》论证了列斐伏尔的身体空间与社会空间的同构关系及相互作用。另有两本以列斐伏尔为题的哲学著作，刘怀玉的《现代性的平庸与神奇：列斐伏尔日常生活批判哲学的文本学解读》（中央编译出版社，2006年版）和吴宁的《日常生活批判——列斐伏尔哲学思想研究》（人民出版社，2007年版），但其主要是从政治学和社会学层面分析列斐伏尔的身体理论，学界理应对他的身体理论进行深入分析。

至于其他西方马克思主义诸家理论中包含的身体话语，国内则较少有论文和著作论及。赵勇在他的《整合与颠覆：大众文化的辩证法》（北京大学出版社，2005年版）中，在分析法兰克福学派大众文化理论的肯定性和否定性方面，涉及了本雅明和马尔库塞理论中的身体话语，以及与之相关的巴赫金的身体话语，但其论述可以更充分些。支运波在《〈机械复制时代的艺术作品〉中的三重身体及其美学》一文中，阐释了身体在技术所引发的艺术重大变革过程中所彰显出的美学机制。阴志科在《身体文化、身体美学、身体政治——伊格尔顿身体理论的三个层面》一文中认为，伊格尔顿设想的唯物主义伦理学，其前提正是质料与形式密不可分的身体；伊格尔顿的身体美学观念看上去有些自相矛盾，但这是可以解释的，他认为现代艺术观念是一种世俗化的神学，所谓的神终究是某种纯粹的、无质料的形式，而现实世界中的艺术和身体一样，都必须同时关切质料和形式之间的关系。何志钧在他主编的《马克思主义文艺学：从经典到当代》（中国文联出版社，2007年版）一书中，开辟专章“马克思主义与现代身体美学”，提及了阿多诺、本雅明、詹姆逊、巴赫金、伊格尔顿的身体理论，但他在论述过程中，如果能够从一定的理论高度予以论述和统摄，效果更好。

二、国外研究综述

在国外学术界，对于西方马克思主义理论中身体话语的探讨，仅就笔者所能搜集到的资料看，相关的研究成果还不是很多，并且也是仅仅集中在少数个别西方马克思主义学者身上。如 Sigrid Weigel 在《身体与图像空间——重读本雅明》一书中，以单章分析了本雅明的身体形象与空间的关系；Kirsten Simonsen 在《身体、感觉、空间和时间》一文中分析了列斐伏尔的身体话语的理论来源及身体与空间、时间等的关系；Tom Johnson 在《身体政治：一封给伊格尔顿的信》提到了伊格尔顿的身体政治理论。另有一些著作，仅仅是提及西方马克思主义学者中某个人的身体思想，但却没有把其上升到一种身体理论的高度进行论述。应该说，这些论文和著作，对于我们深入了解西方马克思主义的身体话语理论，提供了一些线索和启示，但是对于我们深入理解和研究西方马克思主义的身体话语，还是不够的，其只是一个开始，而非终点。

第一章　马克思主义的身体话语：身体与精神的和谐

分析经典马克思主义的身体理论是研究西方马克思主义身体话语的前提。马克思和恩格斯虽然并未在其著作和理论体系中明确把身体作为论题，但在其理论表述中，时时包含着身体或与身体相关的话语，因此，从某种程度上而言，身体也可以看作是马克思主义的理论视点之一。经典马克思主义的身体话语具有社会、政治、经济、美学等多重意义，但其旨归在于重建、充分发展“完整的人”，吁求人的身体和精神的和谐，而这也成为西方马克思主义身体话语的重要理论起点、视域和目标。

在对于西方传统哲学的批判和超越中，马克思主义的身体理论是一个有力的突破点。自柏拉图起，西方传统哲学尊崇意识和精神，蔑视身体，完全把人视为精神性存在。对于此，费尔巴哈坚决予以批判，并宣告了自己的未来哲学，认为旧哲学的出发点是：“我是一个抽象的实体，一个仅仅思维的实体，肉体是不属于我的本质的”，而新哲学的出发点则是：“我是一个实在的感觉的本质，肉体总体就是我的‘自我’，我的实体本身。”[①]马克思继承了费尔巴哈的身体哲学，并且较之更为彻底，认为人首先是一种物质现实存在：“当人开始生产自己的生活资料的时候，这一步是由他们的肉体组织所决定的，人本身就开始把自己和动物区别开来。人们生产自己的生活资料，同时间接地生产着自己物质生活本身。”[②]但同时，马克思

① 费尔巴哈.费尔巴哈哲学著作选集：上卷[M].荣震华，李金山，等译.北京：商务印书馆，1984：169.

② 马克思恩格斯选集：第1卷[M].北京：人民出版社，1995：67.

也扬弃了费尔巴哈的直观唯物主义身体观，认为它“仍然停留在理论的领域内……从来没有看到现实存在着的、活动的人，而是停留于抽象的‘人’”[①]。相反，马克思是从更丰富的社会历史层面来建立他的身体理论的。

第一节　身体存在形式的多维阐释

一、身体是一种对象性存在

马克思主义哲学在思维方式上的重要革新是不仅仅要解释世界，还要改变世界，因此，对于实践活动尤为重视。而要进行实践活动，同样离不开身体，这不仅仅是指物质存在的、现实存在的身体，更主要是指对象性存在的身体。在马克思的理论视域中，身体就是一种对象性存在，他论述道：“人直接地是自然存在物。人作为自然存在物，而且作为有生命的自然存在物，一方面具有自然力、生命力，是能动的自然存在物；这些力量作为天赋和才能、作为欲望存在于人身上；另一方面，人作为自然的、肉体的、感性的、对象性的存在物，同植物一样，是受动的、受制约的和受限制的存在物，就是说，他的欲望的对象是作为不依赖于他的对象而存在于他之外的；但是，这些对象是他的需要的对象；是表现和确证他的本质力量所不可缺少的、重要的对象。说人是肉体的、有自然力的、有生命的、现实的、感性的、对象性的存在物，这就等于说，人有现实的、感性的对象作为自己本质的即自己生命表现的对象；或者说，人只有凭借现实的、感性的对象才能表现自己的生命……一个存在物如果在自身之外没有自己的自然界，就不是自然存在物，就不能参加自然界的生活。一个存在物如果在自身之外没有对象，就不是对象性的存在物。一个存在物如果本身不

① 马克思恩格斯选集：第1卷[M].北京：人民出版社，2012：157.

是第三存在物的对象，就没有任何存在物作为自己的对象，就是说，它没有对象性的关系，它的存在就不是对象性的存在。”[①]

在这段论述中，马克思实际上点出了人的身体作为自然的、感性的存在物，是能动与受动的统一，身体与周围事物构成一种能动与受动的统一关系，相互依赖，相互作用。这就是一种对象性存在。在此基础上，构成了实践活动。而实践本身就是在人的意识指导下，身体与周围世界的一种物质交流、变换的过程，是以身体的对象性为前提的。在此意义上，我们可以说，身体只有作为一种对象性的存在，才能使实践活动顺利进行，也才能创造社会和历史。

二、身体是一种劳动性存在

这种作为对象性存在的身体，实际上也可以看作是劳动的身体，这是马克思不同于其他身体话语的一个重要特点。马克思认为：“全部人类历史的第一个前提无疑是有生命的个人的存在。”[②]而这种有生命的个体要想持续存在下去，必须通过劳动，才能创造生活和生产资料：“首先应当确定一切人类生存的第一个前提，也就是一切历史的第一个前提，这个前提是：人们为了能够‘创造历史’，必须能够生活。但是为了生活，首先就需要吃喝住穿以及其他一些东西。因此第一个历史活动就是生产满足这些需要的资料，即生产物质生活本身。”[③]这个创造生活生产资料的过程，必须依靠劳动的身体。

而这种劳动的身体，也构成了经典马克思主义身体哲学的重要部分，简言之，马克思的身体哲学可以被称为劳动哲学。人及其身体是在劳动实践过程中生成的，正如恩格斯所说：“劳动创造了人本身。”[④]所以，必须

① 马克思恩格斯全集：第3卷[M].北京：人民出版社，2002：324-325.

② 马克思恩格斯选集：第1卷[M].北京：人民出版社，2012：146.

③ 马克思恩格斯选集：第1卷[M].北京：人民出版社，2012：158.

④ 马克思恩格斯选集：第3卷[M].北京：人民出版社，2012：988.

从劳动实践出发，包括劳动方式、劳动所需物质资料，才能准确把握马克思的劳动身体。

在马克思主义看来，劳动的身体既是自然的，也是社会的，社会的发展史就是由身体构成的劳动史。“身体作为人类历史的基础，既是自然的又是历史的，是历史的自然性和自然的历史性的统一。没有脱离物质生产活动的历史的‘纯粹自然性’身体，也没有脱离自然的‘身体基础的’历史性。”[①]就此而言，马克思主义的身体哲学并非脱离社会的身体，而是具有实践性的历史唯物主义的身体：“身体是历史的自然感性基础，历史由此具有了唯物主义的‘肉身’。物质、自然界、人类社会、思维由此闪现着‘感性’的光辉。同时，身体又是物质生产活动所开辟的商业社会、市民社会和工业社会历史中的不断变化生成的历史性的感性体和物性体，是充满历史的感性‘身体’。”[②]

三、身体是一种社会性存在

因为对象性、实践性身体的存在，人的身体也具有了社会性，以人的感觉为例，“人的眼睛与野性的、非人的眼睛得到的享受不同，人的耳朵与野性的耳朵得到的享受不同”，而这依赖于实践活动对人的社会本质力量的确证，“只有当对象对人来说成为社会的对象，人本身对自己来说成为社会的存在物，而社会在这个对象中对人来说成为本质的时候，这种情况才是可能的”[③]。换句话说，“只是由于人的本质客观地展开的丰富性，主体的、人的感性的丰富性，如有音乐感的耳朵、能感受形式美的眼睛，总之，那些能成为人的享受的感觉，即确证自己是人的本质力量的感觉，才一部分发展起来，一部分产生出来。因为，不仅五官感觉，而且连所谓精神感觉、实践感觉（意志、爱等等），一句话，人的感觉、感觉的人性，都是由

① 李金辉.身体哲学研究的范式转换[J].思想战线,2015(1):141.

② 李金辉.身体哲学研究的范式转换[J].思想战线,2015(1):141.

③ 马克思恩格斯文集:第1卷[M].北京:人民出版社,2009:190.

于它的对象的存在，由于人化的自然界，才产生出来的”[①]。

这实际上就说明了，社会的人的感觉不同于非社会的人的感觉，人是社会存在物，人的身体具有社会性。在此基础上，人的身体扩展到人与人之间、人与社会之间，形成了人的本质：“人的本质不是单个人所固有的抽象物，在其现实性上，它是一切社会关系的总和。”[②]这可以说是对费尔巴哈的抽象人性论的反驳，因为费尔巴哈曾把自然存在的肉体看作人的本质，他“撇开历史的进程，把宗教感情固定为独立的东西，并假定有一种抽象的——孤立的——人的个体”，因此，“他只能把人的本质理解为‘类’，理解为一种内在的、无声的、把许多个人纯粹自然地联系起来的普遍性”[③]。

四、身体是一种异化存在

当身体的物质性、现实性被确立起来，成为社会历史思考的起点后，马克思又考察了资本主义社会存在的身体异化状况。在资本主义社会，存在的一个经济事实是：“工人生产的财富越多，他的生产的影响和规模越大，他就越贫穷。工人创造的商品越多，他就越变成廉价的商品。物的世界的增值同人的世界的贬值成正比。”[④]马克思认为，这一事实表明，工人劳动生产的对象，即劳动产品，是一种异己的、不依赖于工人的力量，它与工人之间是一种异化的、外化的关系：“工人在他的产品中的外化，不仅意味着他的劳动成为对象，成为外部的存在，而且意味着他的劳动作为一种与他相异的东西不依赖于他而在他之外存在，并成为同他对立的独立力量；意味着他给予对象的生命是作为敌对的和相异的东西同他相对立。”[⑤]

在此基础上，进一步考察工人与其产品的异化，自然是一方面为工人的劳动提供生活资料，即劳动加工的对象，另一方面为其提供狭隘意义上

① 马克思恩格斯文集：第1卷[M].北京：人民出版社，2009：191.

② 马克思恩格斯文集：第1卷[M].北京：人民出版社，2009：505.

③ 马克思恩格斯文集：第1卷[M].北京：人民出版社，2009：505.

④ 马克思恩格斯文集：第1卷[M].北京：人民出版社，2009：156.

⑤ 马克思恩格斯文集：第1卷[M].北京：人民出版社，2009：157.

的生活资料，即维持工人本身的肉体生存的手段。然而，由于产品的异化、外化，工人越是希望通过劳动占有外部感性的世界，“第一，感性的外部世界越来越不成为属于他的劳动的对象，不成为他的劳动的生活资料；第二，感性的外部世界越来越不给他提供直接意义的生活资料，即维持工人的肉体生存的手段”[①]。由此，工人成为自己对象的奴隶。异化和外化还表现在劳动本身，即劳动对工人来说是外在的东西。这种劳动，“不属于他的本质；因此，他在自己的劳动中不是肯定自己，而是否定自己，不是感到幸福，而是感到不幸，不是自由地发挥自己的体力和智力，而是使自己的肉体受折磨、精神遭摧残”[②]。因此，造成工人只有在劳动之外才感到自在、舒畅，在劳动之内不自在，劳动的异己性完全表现在：“只要肉体的强制或其他强制一停止，人们就会像逃避瘟疫那样逃避劳动。”[③]

马克思还强调了手工劳动各要素之间的流动性，以及机械劳动给劳动者身体带来的异化。本雅明认为，手工劳动的各要素间的联系，在工厂的流水作业中独立于工人而成了一种物化的联系。要被加工的物体不顾工人的意愿而专横地进入又跑出他的工作区域，从而完全独立于他的意志。马克思也写道：“一切资本主义生产既然不仅是劳动过程，而且同时是资本的增值过程，就有一个共同点，即不是工人使用劳动条件，相反地，而是劳动条件使用工人，不过这种颠倒只是随着机器的采用才取得了在技术上很明显的现实性。”[④]这说明了，工人在工厂工作时，身体的劳动节奏已经超越了身体的生理节奏，使自己完全被动地适应机器。工人在工作之前，必须先行进行训练。本雅明还认为，这种训练与练习不同，练习是由单一的手工劳动决定的，它在手工作坊里还有活动余地。这与马克思的理解完全相同，“每一个特殊的生产部门都通过经验找到适合于自己的技术形态，慢慢地使它完善”[⑤]。在手工作坊里，通过训练，便会出现熟练的手工艺人。

① 马克思恩格斯文集：第1卷[M].北京：人民出版社，2009：158.

② 马克思恩格斯文集：第1卷[M].北京：人民出版社，2009：159.

③ 马克思恩格斯文集：第1卷[M].北京：人民出版社，2009：159.

④ 马克思恩格斯选集：第2卷[M].北京：人民出版社，2012：227.

⑤ 马克思恩格斯文集：第5卷[M].北京：人民出版社，2009：559.

手工作坊是以牺牲劳动能力的整体性为代价来使极其单一化的特长发展成绝技。这在机械工厂里更严重，非熟练工人是由机器来训练的，他们是受凌辱最厉害的一部分人，他们被机器疯狂地训练，完全违背身体的本质属性，只是一味顺从机器，而使自己的身体机械化。可以说，这时候的身体已经是一部机器，劳动者的身体被异化了。关于这一点，本雅明非常认可。他也把这种异化理论用来分析城市化时代大众的身体异化，并且，在分析手工劳动的消失时，也是从这个维度进行分析的。

上述内容充分说明，在资本主义社会的政治经济条件下，工人的劳动身体是处于异化境地的。而造成工人身体异化的原因，马克思认为是资本主义的私有制。当认识到这点后，要克服人的身体的异化，实现人的身体感性的解放，必须诉求于共产主义，实现自我异化的扬弃："共产主义是对私有财产即人的自我异化的积极的扬弃，因而是通过人并且为了人而对人的本质的真正占有；因此，它是人向自身、也就是向社会的即合乎人性的人的复归"，"这种共产主义，作为完成了的自然主义，等于人道主义，而作为完成了的人道主义，等于自然主义，它是人和自然界之间、人和人之间的矛盾的真正解决，是存在和本质、对象化和自我确证、自由和必然、个体和类之间的斗争的真正解决"[①]。其中，"合乎人性的人"在某种程度上指身体完善、未被异化的人，是身体和精神和谐、充分发展了的人。这种身体理论也构成了马克思主义美学理论的重要基础。

第二节　马克思主义美学的身体之维

马克思主义的身体话语既以社会、政治属性存在，同时也具有审美属性的考量，它是两者的融合。当我们深刻挖掘马克思主义美学的身体之维时，会发现其相当深刻并具有前见性。例如，在生态美学、休闲美学、消费美学等方面，都可以从身体方面作出学理奠基，与当前的现实美学话语

① 马克思恩格斯文集：第1卷[M].北京：人民出版社，2009：185.

作出呼应和对话。

一、生态美学的身体之维

生态与身体，可谓是当前人文社会科学界两个热门的研究领域。因此，需要说明的是，在这两者之间建立联系，并非追赶时髦、哗众取宠，而是它们之间确实存在着联系。例如，作为人的物质性存在的身体只有与周围的自然环境持续进行能量交换，才能维持人的生存。在西方，灵肉关系长期以来处于一种严重的对立状态，尤其是自柏拉图始，在西方传统哲学中，灵魂往往被赋予高贵、超脱的地位，被认为是生命的主宰，而身体则被冷漠无情地放逐，被贬斥为欲望、邪恶、疾病的根源。实际上，就在这种灵肉对立关系的背后隐含着这样一个事实：灵魂之所以高贵，是因为其处在彼岸世界，与尘世毫无瓜葛；而身体则处于此岸世界，“天然地需要阳光、水、食物、空气、栖居之所，它只有在生态世界中才能生存。进而言之，对生态体系的珍视直接指向于对身体重要性的体悟：我们之所以能够被生态灾难所伤害，是因为我们是身体性存在”[①]。相反，在文艺复兴和启蒙运动后，随着现代理性和主体意识的无限膨胀，更是不切实际地产生“我为自然立法”等疯狂意识。虽然说尼采以一种狂人式的愤世嫉俗颠覆了灵魂的独尊为大，但其并未明确在自然与身体之间建立生态联系。而此任务完成者不能不首提马克思。尽管生活在19世纪中后期的马克思尚未面临现今严峻的环境形势，但这并不意味着马克思对环境问题是漠视的。实际上，在马克思的著作中，他不仅确认了人的身体与生态的联系，而且通过弥合身体与精神的二元对立，吁求一种和谐生态观。这主要表现在以下两个方面。

一方面，自然是人类赖以生存和发展的基本条件，自然的异化将导致人类身体的异化。马克思作为坚定的唯物主义者，不仅看到了身体与自然天然具有联系：“任何人类历史的第一个前提无疑是有生命的个人的存在。

① 王晓华．在现代和后现代之间：文学艺术的转型[M]．哈尔滨：黑龙江人民出版社，2006：229.

因此第一个需要确定的具体事实就是这些个人的肉体组织，以及受肉体组织制约的他们与自然界的关系”[①]，而且洞悉了“人的普遍性正是表现为这样的普遍性，它把整个自然界——首先作为人的直接的生活资料，其次作为人的生命活动的对象（材料）和工具——变成人的无机的身体。自然界，就它自身不是人的身体而言，是人的无机的身体”[②]。因此，人与自然的和谐关系的建立便至关重要。而相反，一旦这种和谐关系被打破，自然遭受严重异化，将直接威胁到劳动者的生存和发展。马克思清醒地看到了这一点，并批判了罪魁祸首——资本主义私有制和生产：“私有制使我们变得如此愚蠢而片面，以致一个对象，只有当它为我们所拥有的时候，就是说，当它对我们来说作为资本而存在，或者它被我们所直接占有，被我们吃、喝、穿、住等等的时候，简言之，在它被我们使用的时候，才是我们的。”[③]因此“一切肉体的和精神的感觉都被这一切感觉的单纯异化即拥有的感觉所代替”[④]。而“拥有的感觉”导致的后果之一就是为了最大限度地谋取经济利益，不惜破坏自然环境。例如，恩格斯就曾指出过，乌培河由于受到使用鲜红色燃料的染坊所排放废水的污染而变成了血河；煤矿、铁矿被疯狂开采，以致面临枯竭，森林被肆意砍伐，消耗殆尽，更严重的是将威胁到工人的生存。马克思这样描述城市环境污染对工人身体所造成的损害：“甚至对新鲜空气的需要也不再成其为需要了。人又退回到洞穴中居住，不过这洞穴现在已被文明的污浊毒气所污染。……光、空气等等，甚至动物的最简单的爱清洁习性，都不再是人的需要了。肮脏，人的这种堕落、腐化，文明的阴沟（就这个词的本义而言），成了工人的生活要素。完全违反自然的荒芜，日益腐败的自然界，成了他的生活要素。”[⑤]想想看，当工人天天生活在这样恶劣的环境中，不仅会损害人的有机身体，而且会导致人的审美感觉的丧失，以至于在身体和精神上遭受双重戕害。

① 马克思恩格斯全集：第3卷[M].北京：人民出版社，1960：23.

② 马克思恩格斯文集：第1卷[M].北京：人民出版社，2009：161.

③ 马克思恩格斯文集：第1卷[M].北京：人民出版社，2009：189.

④ 马克思恩格斯文集：第1卷[M].北京：人民出版社，2009：190.

⑤ 马克思恩格斯文集：第1卷[M].北京：人民出版社，2009：225.

另一方面，人的身体和精神及其延伸应与“种的尺度”相和谐。古希腊哲学家普罗泰格拉曾有言：“人是万物的尺度，是存在的事物存在的尺度，也是不存在的事物不存在的尺度。”[①]无疑，这个命题在肯定“人类中心主义”的同时，也说明了一个事实：人类通过身体感官去体验事物，认识、征服万物。尽管命题中的“尺度”后来不断受到“理式”“上帝”等形而上的尺度取代，但到了马克思这里，不仅把人的尺度恢复为身体感觉，而且认为在精神的指导下，通过实践活动，身体感觉和能力逐渐丰富发达。因而，人的身体和社会实践之间形成了一种互相促进的关系。随着实践的发展，人的身体能力在不断地提升，从用手劳动到会制造、使用工具，人对于自然的尺度，也就从单纯的肉体能力延伸到了工具、机器（即科技）。如果套用一下麦克卢汉的“媒介是人的身体的延伸”的观点，也可以说“科技是人的身体的延伸”。科技的发展，极大地促进了社会生产力的发展，并促进了社会形态的转变，正如马克思所说：“手推磨产生的是封建主的社会，蒸汽磨产生的是工业资本家的社会。”[②]不过，科技作为一柄双刃剑，在非理性使用的情况下，对于自然的危害、破坏也极为严重。恩格斯说道：“在科学的猛攻之下，一个又一个部队放下了武器，一个又一个城堡投降了，直到最后，自然界无限的领域都被科学所征服了，而且没有给造物主留下一点立足之地。”[③]马克思更是看到了科技对于人类的身体与精神的双重异化：“机器具有减少人类劳动和使劳动更有成效的神奇力量，然而却引起了饥饿和过度的疲劳”，“技术的胜利，似乎是以道德的败坏为代价换来的。随着人类愈益控制自然，个人却似乎愈益成为别人的奴隶或自身的卑劣行为的奴隶”[④]。可想而知，当科技如此施暴于自然时，作为人的身体延伸的科技似乎又回到了普罗泰戈拉的人类中心主义命题：科技助长了身体征服自然的能力，而这是有悖于和谐生态观的。究其原因，在于人类

① 北京大学哲学系外国哲学史教研室.古希腊罗马哲学[M].北京：商务印书馆，1984：198.

② 马克思恩格斯选集：第1卷[M].北京：人民出版社，2012：222.

③ 恩格斯.自然辩证法[M].北京：人民出版社，1971：179.

④ 马克思恩格斯选集：第1卷[M].北京：人民出版社，2012：776.

的内在尺度——意识和理性过度膨胀，未能认识到通过实践发展起来的人的外在尺度——身体，当其反作用于自然时，还必须遵循另一尺度，即马克思所说的“种的尺度”：指自然界中各种动植物的基本需要和客观规律。只有当人的外在尺度、内在尺度和“种的尺度”相和谐时，才有望建立一种和谐的生态。而这在某种程度上必须依托于对自然规律的不断探索和掌握。正如马克思所言，随着自然科学的发展，“那种关于精神和物质、人类和自然、灵魂和肉体之间的对立的荒谬的、反自然的观点，也就越不可能成立了”[①]。

马克思关于身体与自然的和谐观，实际是在维护人的自然美和精神美相融合的身体生态。如果独尊精神、理性而弃绝身体，是无法建立起正确的生态观的。但如果只看到或过分强调身体的自然属性，又往往意味着对于人的肉体欲望的张扬，反映在文学艺术中便是放逐精神，一味追逐粗俗的肉体描写和快感放纵。此外，人们获得了支配使用自己身体的权利后，为了追逐身体时尚、美丽，不惜动用各种造美术，一时间，人造美人蔚然成风，而“清水出芙蓉”的自然美则被抛弃。虽然说“爱美之心，人皆有之”，但如果只是单纯为了外表美而不惜“摧残”身体，则是有悖于马克思的身体生态观的。在马克思看来，人一方面是自然的、感性的；但另一方面，人也是精神的、社会的，懂得按照“美的规律”进行社会生产，创造美，不过前提是不违背事物的自然规律。而那些所谓的人造美人往往是以损害人的自然美为代价的。在马克思看来，完整意义上的人应是自然美和精神美的结合体。马克思对古希腊人的那种健康的充满生命力的身体美非常欣赏。马克思的这种身体生态观为当前的生态美学在维持人与自然的和谐外，如何维护人的身体与精神的和谐，以解决后现代社会的身体和精神困境，无疑有着积极意义和启示。并且，这也迎合了当前生态美学研究进一步发展的吁求。正是基于这种考虑，马克思主义理论中所蕴含的自然美和精神美相融合的身体生态，就极有可能成为生态美学研究进一步发展所依托的重要理论之维。

① 马克思恩格斯选集：第3卷[M].北京：人民出版社，2012：999.

二、“美学上的反感”的身体之维

美感是对于美的事物的感受或体验，它并非人的自然禀赋，而是在人的自然禀赋基础上，经由社会历史实践的产物。美感有多种表现形式：优美的、壮美的、愉悦的、邪恶的等。在马克思主义美学中，恩格斯在评价歌德的作品时，曾说过“从心底出现的比较正常的美感”，以赞美歌德的创作是“人类的真正法典”，是“完美的人性”，体现了“人类社会的理想”①。与之相反，马克思则提出了“美学上的反感”命题。

这个命题出自马克思驳斥卡尔·海因岑的文章《道德化的批判和批判化的道德》，在文中，马克思写道：“在宗教改革以前不久和宗教改革期间，德国人创立了一种独特的、单是一个名称就够骇人的文学——粗俗文学。目前我们正处在类似16世纪的革命时代的前夜。粗俗文学重新出现在德国人面前是并不奇怪的。对历史发展发生的兴趣不难克服这类作品所引起的美学上的反感。”②那么，导致这种“美学上的反感”生成的具体原因是什么呢？其原因可以从16世纪的粗俗文学特征上归纳得出，主要为语言上的平淡无味、废话连篇、大言不惭，以及“反对文学的语言，给语言赋予纯粹肉体的性质”③。此外，喜欢在字里行间显示著者本人的形象，“宣扬健康的精神是寓于健康的肉体，其实已经受到16世纪极无谓的争吵和肉体的感染而不自知”④。

由此可以看出，造成“美学上的反感”的一个重要原因在于粗俗文学作品中不健康不和谐的肉体描写。但需要明白的是，肉体描写在文学作品中有时是不可避免的。例如，恩格斯很赞赏维尔特的诗歌，认为他所擅长的地方，超过海涅、仅被歌德超过的地方，就在于“表现自然的、健康的

① 马克思恩格斯全集：第4卷[M].北京：人民出版社，1958：257.

② 马克思恩格斯全集：第4卷[M].北京：人民出版社，1958：322.

③ 马克思恩格斯全集：第4卷[M].北京：人民出版社，1958：322-323.

④ 马克思恩格斯全集：第4卷[M].北京：人民出版社，1958：323.

肉感和肉欲"[1]。对于文学中的性爱描写，恩格斯认为："人与人之间的，特别是两性之间的感情关系，是自从有人类以来就存在的。而性爱在最近800年间获得了这样的发展和地位，竟成了这个时期中一切诗歌必须环绕着旋转的轴心了。现存的通行的宗教只限于使国家对性爱的管理即婚姻立法神圣化；这些宗教也许明天就会完全消失，但是爱情和友谊的实践并不会发生丝毫变化。"[2]显而易见，马克思和恩格斯并不是一概否定任何肉体描写和性爱描写的，他们所反对的应该是剥离了精神和完美人性的赤裸裸的身体和性爱描写，这才是导致"美学上的反感"的真正原因所在。

这种纯粹的赤裸的身体描写不能不说与抽象的人性论有关，即将人的某方面内容夸大化、固定化，视之为人的不变的本质存在。马克思批评卡尔·海因岑"在它看出有差别的地方就看不见统一，在它看见有统一的地方就看不出差别"[3]，这实际上就是一种典型的抽象人性论，无法从历史的、发展的角度看待人性。抽象人性论的内容涉及多方面，在卡尔·海因岑这里可以说，纯粹的肉体需求便是人性的唯一内容，故而在文学、文化上也便被这一肉体需求所浸染。而一旦将肉体需求视为人的本质，实际上是分裂了人的身体与精神相互和谐的人性，而变成纯粹的动物机能："吃、喝、性行为等等，固然也是真正的人的机能。但是，如果使这些机能脱离了人的其他活动，并使它们成为最后的和唯一的终极目的，那么，在这种抽象中，它们就是动物的机能。"[4]所以，对于这种由抽象的人性论导致的身体描写必须保持警惕和拒绝。但令人遗憾的是，在当代社会文化、文学中，由于后现代主义的兴起和消费社会的推波助澜，这种赤裸裸的身体描写大行其道，甚至成为文学和影视作品的宣传点和卖点，而这已经不会给人带来审美感，带来的只是本能的身体快感和审美上的反感。从这点上来说，马克思所提出的"美学上的反感"命题，对于当前社会的文化发展中

① 马克思恩格斯全集：第28卷[M].北京：人民出版社，2018：7.

② 马克思恩格斯选集：第4卷[M].北京：人民出版社，2012：240.

③ 马克思恩格斯全集：第4卷[M].北京：人民出版社，1958：332.

④ 马克思恩格斯全集：第42卷[M].北京：人民出版社，1979：94.

的某些弊端还是有所启示和具有一定纠偏作用的。

应该说，如果以现代审美角度去观照马克思主义美学的身体之维，除去以上所论，现代休闲美学、现象学美学也可以以身体为中介，与马克思主义美学建立起联系。马克思主义美学的身体之维主要关注的是身体的异化以及如何克服异化，恢复人的身体与精神的完整性。

第三节　马克思主义身体话语的言说困境及解决策略

马克思主义的身体话语，虽然在很多方面可以与现实语境下的问题域联系起来，为现实问题的解决带来启示，这在某种程度上，也被后继的西方马克思主义继承，但是，对于在不断变迁的时代语境下出现的形形色色的问题，马克思主义的身体理论并不能给出完全令人满意的答案，出现了言说困境，这就需要西方马克思主义在坚持马克思主义身体理论观点和原则的基础上，对其进行发展和补充。所以，我们可以说，西方马克思主义的身体话语与经典马克思主义的一些论题域和理论构成了继承、发展和补充的关系。在西方马克思主义的身体话语领域中，身体是与大众文化、性别欲望、日常生活、空间等论题联系在一起的，而这些在马克思主义那里，只能说是稍微论及，并未进行专门、深入的交流和探讨。詹姆逊便说过："传统的马克思主义未能专门研究一系列关于存在的基本问题——死亡和生命的意义；整个无意识领域；宗教，乌托邦；整个日常生活范围和它的质量或异化方式，以及日常生活中的政治是否是可信的；自然的决定作用和生态问题。"[①]例如，对于大众文化，严格意义上而言，马克思本人并没有明确论述，只是在个别文章中偶尔提及通俗文学。例如，在《德国民间故事书》一文中，马克思指出了民间故事书具有使底层劳动者在繁重的劳动之余消遣解闷、恢复精神、忘却劳累的作用，并要求民间故事书的内容应

① 詹姆逊.快感：文化与政治[M].王逢振，等译.北京：中国社会科学出版社，1998：142.

具有诗意、谐趣和道德的纯洁[①]；《道德化的批评和批评化的道德》一文则通过对卡尔·海因岑文章的驳斥，批判了德国16世纪的粗俗文学，认为其"把激昂之情同庸俗之气滑稽地结合一起"，"给语言赋予纯粹肉体的性质"，造成"美学上的反感"[②]。虽然说，这里的粗俗文学并非指大众文化，但粗俗、色情也往往是部分大众文化的弊病。在这个意义上，不难知晓马克思对于通俗文学总体上是肯定的，但又不失却理性的批评。但是，马克思并未明确建立起大众文化理论。对于性别欲望，按照伊格尔顿所言，马克思主义确实将性别和欲望排除在它的主要议题之外，但他绝没有忽略这些议题，只是谈论得有些片言只语[③]。例如，马克思曾论及婚姻制度与两性关系是社会历史发展的产物，性别特征与社会政治密切相关。马克思在《手稿》中指出，人对人的直接的、自然的、必然的关系是男人对妇女的关系，而把妇女当作共同淫欲的虏获物和婢女来对待，表现了人在对待自身方面的无限的退化。恩格斯在《家庭、私有制和国家的起源》中也从性征角度对男权社会下的婚姻和家庭进行过分析。对于日常生活，虽然列斐伏尔坚持认为，在经典马克思主义的研究视野中，缺失了日常生活这一领域，但实际上，马克思的唯物史观也并未完全忽视日常生活，马克思指出："迄今为止的一切历史观不是完全忽视了历史的这一现实基础，就是把它仅仅看成与历史进程没有任何联系的附带因素。因此，历史总是遵照在它之外的某种尺度来编写的；现实的生活生产被看成是某种非历史的东西，而历史的东西则被看成是某种脱离日常生活的东西，某种处于世界之外和超乎世界之上的东西。"[④]对于空间研究，马克思注意到了空间是资本主义生产的要素："一方面，土地为了再生产或采掘的目的而被利用；另一方面，空间是一切生产和一切人类活动的要素。"[⑤]马克思还注意到了为实现资本的最大价值，力图消除空间障碍："资本按其本性来说，力求超越一切空间界

① 马克思恩格斯全集：第2卷[M].北京：人民出版社，2005：84.

② 马克思恩格斯全集：第4卷[M].北京：人民出版社，1958：322-323.

③ 特里·伊格尔顿.理论之后[M].商正，译.北京：商务印书馆，2009：31.

④ 马克思恩格斯选集：第1卷[M].北京：人民出版社，2012：173.

⑤ 马克思恩格斯选集：第2卷[M].北京：人民出版社，2012：639.

限。因此，创造交换的物质条件——交通运输工具——对资本来说是极其必要的；用时间去消灭空间。”①

应该说，马克思对于上述问题的论述，主要是从宏观的政治、经济、阶级的角度进行的，时过境迁，在新的社会历史条件下，问题域和理论探讨角度已经有了很大的变化，需要在新的时代语境下作出应答。西方马克思主义便是在这种语境下产生的，他们虽然继承了马克思主义的相关议题，但更主要的是对其进行补充和深化、发展，并且从社会政治、经济方面转向文化、美学方面对这些问题进行论析，呈现出一种从宏观政治转向微观政治，从关注群体的存在转向关注个体存在的趋向。例如，在当前社会公认的全球生态环境问题上，有些人就认为马克思主义是过时的，在这方面毫无见解和解决办法，他们说生态主义源自马克思主义以外的思想……超越了马克思主义以阶级斗争为纲的陈旧传统。对此，西方马克思主义学者伊格尔顿则坚决予以反对，认为马克思主义在这方面非但没有过时，反而具有强大的话语权。他在分析的过程中，实际上按照自己的理论依据，对马克思主义进行了重新诠释，挖掘出了马克思主义理论中蕴含的生态思想。伊格尔顿从身体异化角度揭露资本主义社会制度对于身体的生态摧残，资本主义劳动制度和生活生产方式剥夺和扭曲人的身体感性，把人的感性需求完全压抑，反而通过刺激诱惑，激发了人的身体物欲。这时候的人已经不存在主体意识了，而是成为机械生产和消费的无意识群体，生活的手段变成了目的。由此来看，这种无限扩张的消费欲望，导致社会的无止境生产，最终造成社会自然生态环境急剧恶化。因此，伊格尔顿在阐释自己的身体美学、文化批判意识形态理论时，非常注重从人的身体感性、审美意识形态等层面来揭露资本主义生产关系对人的身体的伤害和对于自然环境的破坏。

法兰克福学派、伊格尔顿、列斐伏尔等从身体角度关注、探讨这些问题，这种行为也是趋向微观政治的表现，对于身体的青睐及身体批评的兴起，在某种程度上是后现代主义文化使然。后现代主义文化注重解构宏大、

① 马克思恩格斯全集：第30卷[M].北京：人民出版社，1995：521.

权威叙事，青睐微观政治，身体话语属于微观政治的利器，这在当代文化研究中已有目共睹。因此，西方马克思主义理论中的身体话语，可以说是深化、发展了经典马克思主义的一些问题域，使其在新的时代语境下永葆理论活力。此外，西方马克思主义诸家在探讨身体话语的过程中，汲取、阐发马克思主义的身体理论，或转而寻求其他身体理论之源及互相融合的途径，这在某种程度上或可认为，西方马克思主义的身体话语与马克思主义的身体理论具有一定的联系，通过阐释、融汇西方马克思主义的身体话语，能很好地实现身体理论的与时俱进。

第二章　法兰克福学派的身体话语：反思和抵抗启蒙理性

第一节　阿多诺：身体话语的同一性与非同一性

西奥多·阿多诺（Theodor Wiesengrund Adorno）是法兰克福学派的主要代表人物和得力干将，是社会批判理论的奠基者。阿多诺以否定的辩证法为理论基础，对建立在启蒙理性基础上的总体性和同一性等问题进行了犀利的批判。在其社会批判过程中，身体是一个易被忽视但又极其重要的问题。虽然说，在阿多诺的诸多著作中，仅仅在《启蒙辩证法：哲学断片》一书中有一篇以《对身体的兴趣》为标题的文章，但这并不意味着阿多诺对于身体批判是忽视的，相反，他非常重视从身体角度进行社会批判。阿多诺认为，在欧洲历史上有两条线索，一明一暗，而后者包含了被文明压制和扭曲了的人类的本能和激情，即身体[①]。其中，所谓的“文明”既是泛指，也是特指，但启蒙理性是题中应有之义。“对身体的爱憎，影响到了一切现代文化”[②]，因此，在身体与启蒙理性之间存在何种关系，也注定成为阿多诺理论探讨的重点。

① 霍克海默，阿道尔诺．启蒙辩证法：哲学断片[M]．渠敬东，曹卫东，译．上海：上海人民出版社，2003：263.

② 霍克海默，阿道尔诺．启蒙辩证法：哲学断片[M]．渠敬东，曹卫东，译．上海：上海人民出版社，2003：264.

一、辩证法理论中的身体问题与女性主义批评

在经典马克思主义理论中，女性问题主要是作为一种总体政治目标和策略不断进行探讨的。社会经济剥削与阶级压迫，是女性在资本主义私有制条件下异化的根源，因此，女性解放的希望便被寄托于资本主义社会生产关系的变革，只有这样，才能使人类主体（包括女性）摆脱社会压迫，全面而充分地实现人的本质力量。对于此，西方的一些女性主义批评家在认真汲取其理论资源的基础上，也有所质疑和批评，而其中很重要的一点，与马克思的女性主义理论缺失微观的身体政治有关。例如，朱丽叶・米切尔在《妇女：最长久的革命》等书中指出，马克思主义除了研究生产结构外，还应补充上“性”“再生产”“儿童的社会化”等家庭因素[①]；S.费尔斯顿在《性的辩证法》一书中宣称，马克思与恩格斯只注重衣、食、住、行等生产方面的研究，却忽视了最重要的人的“再生产”即生殖的研究[②]；布莱恩・特纳也在《身体与社会》中指出，马克思主义没有从性别和父权制角度对欲望进行社会划分[③]。应该说，马克思和恩格斯从性、生殖、欲望等身体角度对女性问题的关注极少，但令人欣慰的是，这种缺失和遗憾，可以在属于西方马克思主义学者阿多诺的理论探讨中，得到弥补。阿多诺在《启蒙辩证法：哲学断片》《否定的辩证法》等著作中，不仅揭示了在启蒙成为启蒙神话的语境中，女性在身体上所遭受的压抑和异化，并且提供了一种培育女性身体抵抗性和解放女性身体的路径，而这对于当代女性主义批评的发展，也有所启示和促进。

（一）启蒙辩证法：同一性与女性身体的异化

从经典马克思主义到法兰克福学派，在理论上的一个重要转变表现为

① 林树明.多维视野中的女性主义文学批评[M].北京：中国社会科学出版社，2004：103.

② 林树明.多维视野中的女性主义文学批评[M].北京：中国社会科学出版社，2004：104.

③ 布莱恩·特纳.身体与社会[M].马海良，赵国新，译.沈阳：春风文艺出版社，2000：82.

从政治经济批判转向文化和意识形态批判，尤其是对于启蒙理性的批判，而阿多诺无疑是这一批判的主将。启蒙本质上是一种进步思想，根本目标是使人们摆脱恐惧，树立自主；根本纲领是唤醒世界，祛魅神话，用知识代替幻想。但启蒙理性在发展过程中，逐渐走向反面，由祛魅神话变成了启蒙神话："如同神话已经实现了启蒙一样，启蒙也一步步深深地卷入神话。启蒙为了粉碎神话，吸取了神话中的一切东西，甚至把自己当作审判者陷入了神话的魔掌。"①启蒙神话的形成是同一性思维操纵的结果，虽然在现代哲学史上，同一性具有多种含义，但其中主体与客体的和谐一致作用尤甚，它是"过去那种二元认知构架的直达理想，它或者表现为事实的直观性或者表现为真理本质的外在符合说"②，实际上意味着主体对客体的统摄和压迫，具体表现为归类、抽象、量化等。因此，同一性本身已经被从功能上概括为统治与压抑③。这样，启蒙理性以形而上的同一性思维为准则，以注重实效算计的工具理性为手段，施以极权，奴役万物，在使人的内在精神异化的同时，也使人的身体异化。

例如，以主客体分离为前提的独断理智，为实现同一性，在脱离感性世界的同时，又控制感觉，导致主体的感性经验濒于贫困。阿多诺通过引用荷马史诗《奥德赛》中奥德修斯遭遇海妖塞壬的故事，形象说明了这一点。面对塞壬的美妙歌声诱惑，作为理智主体的奥德修斯，用蜡堵住水手的耳朵，让他们全力划桨，却把自己牢牢绑在桅杆上，独自聆听塞壬的歌声。这便在某种程度上产生了如马克思所言的人与其劳动产品和劳动行为的异化。"水手们虽然与自己的劳作对象非常亲近，但却不能享受劳动，因为这种劳动是在强制下进行的，他们在劳动中没有希望，感官也被彻底堵

① 霍克海默，阿道尔诺.启蒙辩证法：哲学断片[M].渠敬东，曹卫东，译.上海：上海人民出版社，2003：9.

② 张一兵.文本的深度耕犁：后马克思思潮哲学文本解读：第2卷[M].北京：中国人民大学出版社，2008：24.

③ 杰姆逊.晚期马克思主义：阿多诺，或辩证法的韧性[M].李永红，译.南京：南京大学出版社，2008：23.

塞了。"[1]很明显，感官堵塞即为身体异化，因为他们没有能力去亲耳聆听未闻之音。身体异化在资本主义社会现实中，更是变本加厉，"长期以来，生产系统一直规定身体是为社会机构、经济机构以及科学机构服务所造就的生产系统，这些机构越是复杂和精致，身体所能得到的经验便越是贫乏。通过理性化的劳动方式，消除人的本质以及把人变成单纯的功能等做法从科学领域进入了经验世界"[2]。除此之外，同一性思维的抽象量化特性，往往使启蒙主体注重实效算计；并且，资本主义社会的现实基础是商品经济同质性的交换原则，"通过交换，不同一的个性和成果成了可通约的和同一的"[3]，即是说，通过一种抽象的方式，把不同事物还原为同质的量，赋予其交换价值，从而使之具有了可比性、交易性。这在男性主导的性经济中表现得尤为充分。

由此可见，在同一性思维支配下的启蒙理性，对于身体的异化是多方面的。但启蒙理性对于女性身体的异化尤为值得关注，阿多诺对此也进行了充分揭示。

在阿多诺看来，女人及其身体遭受异化的一个重要原因在于，女人是迥异于男人的非理性存在，是生物机能和自然图像的具体体现，而男人作为理性主体，追求效率，注重斗争进取，以征服自然，获得对自然的绝对占有权为目的。这成为引起男人侵犯和压迫的关键因素，从而造成女性身体的残缺不全。关于这一点，如果从生态女性主义的角度加以理解，会有更深刻的认识。

20世纪70年代发展起来的生态女性主义，把女性与自然的天然相似性延伸到社会历史中，发现长久以来存在的贬低自然和贬低女性之间也具有相似性。"父权思想与社会、经济、政治和文化体制是导致男性对女性歧视和压迫以及人类歧视和压迫自然的根源，性别歧视与自然歧视之间以及女

---

① 霍克海默，阿道尔诺．启蒙辩证法：哲学断片[M]．渠敬东，曹卫东，译．上海：上海人民出版社，2003：32.

② 霍克海默，阿道尔诺．启蒙辩证法：哲学断片[M]．渠敬东，曹卫东，译．上海：上海人民出版社，2003：33.

③ 特奥多·阿多尔诺．否定的辩证法[M]．张峰，译．重庆：重庆出版社，1993：143.

性的解放与自然的解放之间，有着社会逻辑的、历史的联结和不可分割性。”[①]因此，生态女性主义主张，女权主义者也必须是生态主义者，解放女性与解决生态危机是紧密联系在一起的。例如，生态女性主义者卡洛琳·麦茜特在其《自然之死：妇女、生态和科学革命》一书中认为，人类与自然之间最初是一种和谐相处的有机关系，而“有机理论的核心是将自然，尤其是地球与一位养育众生的母亲相等同：她是一位仁慈、善良的女性，在一个设计好了的有序宇宙中提供人类所需的一切”[②]，但是，在17世纪中期后，随着工业革命的兴起，这种和谐的有机论很快便被科技至上的机械论所摧毁。由此造成的后果是，一方面，人类为积累财富，非理性使用科学技术，不断威胁着自然生态系统的平衡；另一方面，机械论导致人类中心主义产生的同时也必然导致男权中心主义，资本主义在压榨自然的同时也压榨妇女，“与难以驾驭的自然相联系的象征是妇女的阴暗面。虽然文艺复兴时期柏拉图式的情人体现真、善、美，贞女玛丽被崇拜为救世之母，但妇女也被看作更接近自然、在社会等级中从属于男人的阶级、有着强得多的性欲。……和混沌的荒蛮自然一样，妇女需要驯服以便使之呆在她们的位置上”[③]。顺着这一思路，卡洛琳·麦茜特提出了自然权利与妇女权利应同时实现的理想生态社会构想。生态女性主义的代表人物还有苏珊·格里芬、斯塔霍克、范达娜·席瓦等，尽管她们的理论表述并不完全相同，但在寻求解构男性与女性、文化与自然、理智与情感等二元对立思维方式，以争取妇女权利和自然权利等基本观点上是较为相似的。从上述关于生态女性主义的分析来看，阿多诺把女人及其身体比作生物机能和自然图像，从而被作为理性主体存在的男性所征服，这种想法本身已经具有了生态女性主义批评的内涵。这可以帮助我们深化对于阿多诺理论中的女性主义批判的理解。

---

① 方刚，罗蔚.社会性别与生态研究[M].北京:中央编译出版社，2009:78.

② 卡洛琳·麦茜特.自然之死:妇女、生态和科学革命[M].吴国盛，吴小英，曹南燕，等译.长春:吉林人民出版社，1999:2.

③ 卡洛琳·麦茜特.自然之死:妇女、生态和科学革命[M].吴国盛，吴小英，曹南燕，等译.长春:吉林人民出版社，1999:146.

在生态女性主义批判的基础上，阿多诺又详细揭示了作为启蒙理性主体的资产阶级对于女性身体的压抑和驯服。资产阶级为了在自我持存的理性形式中获得胜利，享受征服自然和女性的荣耀，他们往往乐于在造成女性身体异化的同时，又“忙于塑造两性的身体，使这些身体训练有素，和谐统一，并借此消除自然残缺不全的形象”[①]，而采取的伎俩则是把其纳入理性法则下，赋予其文明标志和“美的事物的看护者”[②]的身份。在这一过程中，女性认同于自己的身份角色，甘心遭受压抑和异化。例如，贞节本来是母权制留下来的女人反抗男人的防御机制，但被资产阶级冠以崇尚的道德，实则成为套在女人身上的绳索，以牺牲自己合理的情欲需求为代价，满足男人的虚荣心。应该说，资产阶级实施的这种对于女性身体的理性控制和驯服策略，实际上是资产阶级作为启蒙理性主体所推崇的一种狡诈精神和强者对于弱者的道德暴力的表征。这在阿多诺对于荷马史诗《奥德赛》中的女巫喀耳刻和法国作家萨德的代表作品《朱莉埃特》的分析中有着更深入的揭示和表现。

对于荷马史诗《奥德赛》的分析。在阿多诺看来，荷马史诗《奥德赛》是一部重要的见证启蒙辩证法和资产阶级主体形成的文本，奥德修斯作为一个敢于冒险的英雄，也将自身“展现为一种资产阶级个体的原型，一种源自于自始至终自我确认的观念”[③]。其中，关于奥德修斯遇见女巫喀耳刻的故事，便说明了资产阶级主体如何对女性身体实施控制和征服。喀耳刻是一个惯使迷药和性爱来引诱和麻痹人类的女巫，她通过这些法宝把客人变成狼、狮子等神圣动物，并使其听命于她，侍奉于她。对于此，阿多诺赋予了喀耳刻交际花身份的原型，一方面是因为喀耳刻引诱人类释放自己的性爱本能，另一方面是，“赫尔墨斯的诗篇也起到了积极作用，它认为情

① 霍克海默，阿道尔诺.启蒙辩证法：哲学断片[M].渠敬东，曹卫东，译.上海人民出版社，2003：285.

② 霍克海默，阿道尔诺.启蒙辩证法：哲学断片[M].渠敬东，曹卫东，译.上海：上海人民出版社，2003：284.

③ 霍克海默，阿道尔诺.启蒙辩证法：哲学断片[M].渠敬东，曹卫东，译.上海：上海人民出版社，2003：44.

欲冲动是交际花所固有的：‘看吧，害怕中的人儿，她请你与她一起同床共枕，在女神的床前，不要缩手缩脚的’”[1]。而交际花在提供快乐的同时，也把享受快乐的人的自主性毁灭掉。而这对于资产阶级启蒙主体而言，显然是无法接受的。所以，为了应对喀耳刻身体欲望的威胁，阿多诺从《奥德赛》中分析出了两种策略。一是奥德修斯的水手们在遭到喀耳刻的引诱后，变成了不洁的猪猡而非神圣的动物，这是具有深意的。在文明社会里，猪猡往往是用来指称那些追求不合社会目的的另类快乐本能的人，是应该受到压制的。而喀耳刻把水手们变成猪猡，实际上意味着她已经在遵循资产阶级的父权制文明行事：“文明压抑下的女人也最愿意用文明的方式来评判女人，并贬低性的地位。”[2]她们正是通过这种方式，表现出了“有利于统治的纯粹谎言，这一谎言所追求的不是拯救自然，而是征服自然”[3]。二是奥德修斯为了救回同伴，在拒绝欲望诱惑的前提下，与喀耳刻达成协议，并让她发下毒誓。这份协议的内容是，奥德修斯可以留下来与喀耳刻同床共眠，但必须保证自己不受侵害和报复，并把水手们从猪猡变回人形。这份协议实际上是为了维护男权统治。阿多诺进一步指出，父权制下的妻子与妓女也是类似的，“妓女和妻子都是父权制社会里构成女性自我异化的要素：妻子可以从生活和财产之间的既定秩序出发来获得快乐，而妓女则不能像妻子那样拥有财产权，然而，正因为妓女出卖了快乐，所以她也可以与妻子秘密勾结起来，同时纳入到财产关系的支配之下”[4]。这样，奥德修斯与喀耳刻的关系和他与妻子的关系并无二致。当喀耳刻按照奥德修斯的指令把水手们变成人后，虽然水手更有男人气概了，但他们却在哭泣，阿多诺认为，这是一种古老的婚礼乐曲的声音，尽管喀耳刻与奥德修斯只能

---

① 霍克海默，阿道尔诺．启蒙辩证法：哲学断片[M]．渠敬东，曹卫东，译．上海：上海人民出版社，2003：70.

② 霍克海默，阿道尔诺．启蒙辩证法：哲学断片[M]．渠敬东，曹卫东，译．上海：上海人民出版社，2003：72.

③ 霍克海默，阿道尔诺．启蒙辩证法：哲学断片[M]．渠敬东，曹卫东，译．上海：上海人民出版社，2003：73.

④ 霍克海默，阿道尔诺．启蒙辩证法：哲学断片[M]．渠敬东，曹卫东，译．上海：上海人民出版社，2003：74-75.

维持一年的婚姻关系。而当奥德修斯回家后，他的妻子却怀疑他的身份：他是一个老乞丐，还是一位过路的神灵。为了考验奥德修斯，她让奥德修斯挪动一下他们的婚床，而当奥德修斯详细解释了他在很久以前是如何搭建婚床后，妻子才终于相信了他的身份。而妻子之所以这样做，原因在于："这张床正是她的丈夫年轻时用建造房屋的橄榄树枝搭起来的，而橄榄树恰恰就是性和财产的统一的象征。"[①]换句话说，只有确认了奥德修斯作为性和财产拥有者的身份，妻子才可以承认他们之间的婚姻关系。这实际上说明了在父权制的社会秩序下，婚姻成为男人控制和驯服女人身体的一条被"社会容忍的中间道路：妇女始终是软弱无力的，她们的权力只有通过男人才能体现出来"[②]。正因如此，阿多诺才会说："在文明的基础上，婚姻成为了神话的基石。"[③]

对于萨德小说的分析。萨德是18世纪法国小说家，但在其生前及死后相当长的时间内，并不被人重视，甚至遭到贬斥，直到20世纪，才逐渐得到认可。福柯、拉康、齐泽克等人都从不同角度诠释过萨德及其作品的意义，阿多诺则是将其放在启蒙理性的视野中探讨，并揭示了其中所蕴含的启蒙理性对于女性身体的异化。

阿多诺先是分析了康德的理性、道德与启蒙的关系。康德的启蒙是指人类脱离自己所加之于自己的不成熟状态，所谓成熟状态即没有能力运用自己不经他人引导的知性，而"不经他人引导的知性"就是由理性引导的知性，理性只是以知性及其目的活动为对象，并把一种集体的同一性作为知性作用的目标。"理性所能提供的仅仅是体系同一性的观念和具体概念关系的形式因素"[④]，意指按照一种理论、原理，把认识的感性材料构建成一

① 霍克海默，阿道尔诺．启蒙辩证法：哲学断片［M］．渠敬东，曹卫东，译．上海：上海人民出版社，2003：75.

② 霍克海默，阿道尔诺．启蒙辩证法：哲学断片［M］．渠敬东，曹卫东，译．上海：上海人民出版社，2003：73.

③ 霍克海默，阿道尔诺．启蒙辩证法：哲学断片［M］．渠敬东，曹卫东，译．上海：上海人民出版社，2003：76.

④ 霍克海默，阿道尔诺．启蒙辩证法：哲学断片［M］．渠敬东，曹卫东，译．上海：上海人民出版社，2003：90.

种概念体系。当这种体系付诸社会实践时，便成为启蒙理性的同谋，计算思维大行其道，把世界当作自我持存的目的，从单纯的感性材料中确认了客体的筹划功能。尽管康德在纯粹理性之外又划分出了关涉自由道德的实践理性，但由于道德实践从最高的道德原理出发，排斥感性世界，故其无助于恢复被理性所扼杀的感觉。更何况，在启蒙理性中，道德力量则可能与权力合谋，转变为非道德力量。如果说，康德还试图用道德来挽救启蒙理性，那么，对于萨德及其作品主人公而言，道德则被彻底抛弃。齐泽克说："萨德之所以伟大，就在于，借助于对世间快乐的完全肯定，他不仅放逐了任何形而上学道德准则，同时还完全认可了我们必须为此付出的代价——以享乐为目的的（性）行为的彻底知性化/工具化/体制化。"[①]而这其中包含着女性身体异化的思想。在萨德的著名作品《朱莉埃特》中，朱莉埃特尽管身为女性，但她是一个启蒙了的资产阶级主体的代表，她信仰科学，喜欢体系和推论，是一位"理性思维工具的杰出操作者"[②]。她追求一种既没有得到净化升华的，也没有退化到力比多的理智的享乐，即经过全盘理性筹划的享乐。例如，她如同尼采一样对道德价值进行重估，推崇一种强者道德，认为统治和压迫是美德，善良和仁慈是罪恶，懊悔、怜悯等有悖理性的德行都应被抛弃。可以说，在朱莉埃特式的理性和道德追求中，实际上潜伏着异化女性身体的诱因。比如，作品中的浪荡子并非是纯粹的纵欲者，而是善于把生理欲望理性化，以一种合乎理性和可计算的方式，把身体与精神在现实中分离开来，认为男人对于女人的性欲和爱情是分离的。而这种抽象的分离意味着把女人的身体物化，把其当作一种可肆意支配使用的工具对象，在此过程中，女性的主体性已然瓦解。

除此之外，朱莉埃特式的强者道德往往把女性划定为弱者，认为其无论在身体上还是智力上都是下等人，对女人充满了憎恨和轻蔑。

论述至此，关于女性身体被同一性操纵、绑架而造成的异化，阿多诺

① 齐泽克.实在界的面庞[M].季广茂，译.北京：中央编译出版社，2004：3-4.

② 霍克海默，阿道尔诺.启蒙辩证法：哲学断片[M].渠敬东，曹卫东，译.上海：上海人民出版社，2003：104.

已经给予了充分揭示，那么，为了恢复女性身体的完整性和女性的主体性，又如何抵抗同一性的暴力呢？

（二）否定辩证法：非同一性与女性身体的抵抗

对于这个须需解决的问题，阿多诺虽然并没有明确进行探讨，但他在否定辩证法中，通过对于非同一性的倡导，实际上已经确立起一种身体的抵抗经验，并与当代西方女性主义批评构成间接的对话关系。

非同一性是在针对同一性所坚持的本质性、体系性、工具性进行批判性反思的基础上提出来的，“非同一性的认识想说出某物是什么，而同一性思维则说某物归在什么之下、例示或表现什么以及本身不是什么”[①]，它试图在由同一性思维所导致的主体对于客体的概念统摄暴政中，寻求不会完全进入客体的概念中的客体。这种客体是具体存在多于抽象存在的，并且“多”不是强加于具体存在的，而是它内在的，如同从它之中被排除的东西，即客体的非概念性、个别性和特殊性。那么，这种客体究竟是什么，是精神的还是物质的？在阿多诺看来，对同一性的批判是对客体的优先性的探索，而转向客体优先地位，意味着辩证法转向了唯物主义，“在对精神的反思中特别表现为客体而不表现为精神的东西是物质”[②]，也就是说，非同一性的客体要素表现为物质。阿多诺又进一步指出，这种物质应具体落实在身体经验上，因为“肉体要素作为认识的非纯粹认知的部分是不可还原的”[③]，身体要素会让人们认识到“痛苦不应存在，应该有所不同”[④]。这实际上是说，个体的身体要素具有不被同一性认识完全统摄、抽象的特质，从而能够作为一种异质经验去抵御同一性的暴政。而我们可以认为，正是身体的这种异质经验，才有可能为女性身体的抵抗和解放提供契机。

以埃莱娜·西苏为代表的一些当代西方女性主义批评家的批评理论实

---

① 特奥多·阿多尔诺.否定的辩证法[M].张峰，译.重庆：重庆出版社，1993：146.

② 特奥多·阿多尔诺.否定的辩证法[M].张峰，译.重庆：重庆出版社，1993：191.

③ 特奥多·阿多尔诺.否定的辩证法[M].张峰，译.重庆：重庆出版社，1993：191.

④ 特奥多·阿多尔诺.否定的辩证法[M].张峰，译.重庆：重庆出版社，1993：201.

际上可看作是对阿多诺的基于身体异质抵抗经验的非同一性的践行。西苏认为，妇女之所以遭受压迫，长期处于黑暗之中，是因为父权制文化所导致的二元对立。西苏在列举了一系列二元对立概念（如主动/被动、太阳/月亮、文化/自然、日/夜、父亲/母亲、讲述/写作、理智/感性、逻各斯/情感等）之后指出，这些二元项都不是平等的，而是等级制的，男人往往居于前者，是主动者和胜利者，与一切具有正面价值的事物相联系；而女人则居于后者，是被动者和否定者，与一切具有负面价值的事物相联系。在这种二元对立中，女人永远摆脱不了遭受男人压迫的命运。而这种压迫是贯穿在很多话语领域中的，如写作话语领域。在西苏看来，写作一向属于男人的权利，一直“广泛而专制地被某种性欲和文化的（因而也是政治的、典型男性的）经济所控制”[①]，体现了一种自我爱慕、自我刺激、自鸣得意的菲勒斯中心主义传统的历史，而女人则被排斥在写作之外，被剥夺了讲话机会。因此，为了维护自身的权利，冲决男性统治的象征话语体系，妇女必须从写作沉默中爆发，勇于参加写作，只有通过亲自写作，通过“出自妇女并且面向妇女的写作，通过接受一直由男性崇拜统治的言论的挑战，妇女才能确立自己的地位”[②]，但同时，这种写作应是一种基于女性独特的身体经验的写作。这样，写作不但可以实现妇女解除男权话语“对其性特征和女性存在的抑制关系，从而使她得以接近其原本力量；这行为还将归还她的能力与资格、她的欢乐、她的喉舌，以及她那一直被封锁着的巨大的身体领域”[③]。至于说，西苏为什么倡导女性写作必须与女性身体经验联系起来，这主要是因为在男性写作中，女性身体往往是男性想象的产物，要么纯洁如圣女，要么邪恶如巫婆，显示了父权制文化的同一性对于女性身体的异化。而实际上，女性的性特征是无法整齐一致、按规则编码等分

① 埃莱娜·西苏．美杜莎的笑声［C］// 张京媛．当代女性主义文学批评．北京：北京大学出版社，1992：192.

② 埃莱娜·西苏．美杜莎的笑声［C］// 张京媛．当代女性主义文学批评．北京：北京大学出版社，1992：195.

③ 埃莱娜·西苏．美杜莎的笑声［C］// 张京媛．当代女性主义文学批评．北京：北京大学出版社，1992：194.

类地被他者所谈论和书写的，女性的生理和心理经验，只有女性自己才最清楚。因此，西苏认为，一切关于女性的东西——“关于她们的性特征，即它无尽的和变动着的错综复杂性，关于她们的性爱，她们身体中某一微小而又巨大区域的突然驱动”①——都应该由女性自己书写。只有这样，女性才能以一种与自己身体经验紧密联系的异质的写作话语，挑战和解构男性写作权威。此外，与西苏的这种理论相似的还有露西·伊瑞格瑞的“女人腔”。在某种程度上，她们的这种理论可以说是与阿多诺的非同一性对于同一性的抵抗相契合的。

与西苏等人的女性主义理论中所蕴含的以身体异质经验作为非同一性反抗的策略相反，另一位法国女性主义批评家朱迪斯·巴特勒，则由于取缔了在权威话语之外存在不可抽象物化为量的身体经验的可能性，从而丧失了阿多诺式的非同一性的抵抗，陷入抵抗失效的困境。而这种困境的生成，不得不先从她对于“妇女”这个主体范畴的质疑谈起。在以往的女性主义批评话语中，“妇女”被援用来建构一种团结的女性身份意识，代表着女性主义的利益和目标，并在此基础上开展政治行动。但在巴特勒看来，这个主体范畴是建立在父权制主导下的男/女二分的压迫结构中的，强调了女性在男性统治下的屈从经验，而这是有问题的。一方面，这种单一持久的妇女主体是以牺牲、排斥其他主体身份为代价的，如同性恋主体；另一方面，把妇女虚构为一种稳定的主体，意味着自我管控和物化，而这恰恰与女性主义批评的政治追求和目标背道而驰。因此，对于妇女主体的建构过程和原因必须进行反思和解构。巴特勒首先把批判的矛头对准了波伏娃，认为波伏娃虽然否定了生理事实决定女性命运的论断，提出了男女性别都是社会塑造的社会性别建构论，但在她的理论中，男女二元对立的话语虚构依旧存在。这主要表现在：当波伏娃强调男女性别是由社会所建构时，实际上预设了一个存在于前话语领域的生理性别，等待社会文化在其上铭刻和赋予意义，而这有可能造成社会性别与生理性别相混淆：“一个人就是

① 埃莱娜·西苏.美杜莎的笑声[C]// 张京媛.当代女性主义文学批评.北京:北京大学出版社,1992:200-201.

某种社会性别，而且他/她之所以是那个性别，是由于他或她的生理性别、对自我的心理认知，以及对那个心理自我的各种不同的表达。”[①]这样，便依旧有可能维系男女二元对立结构的存在。另外，波伏娃虽然认为男女性别是由社会建构的，但在她的论述背后隐含了一个“我思故我在”的主体，不加批判地维持了精神/身体的二元论：男人超脱肉身，成为精神主体，女人则成为被贬低的肉体的投射。这样，无疑就延续了柏拉图、笛卡尔等人的精神征服身体、男人征服女人的二元对立模式。

因此，巴特勒决意解构生理性别与社会性别的对立，否认存在前话语领域的纯自然的生理性别，认为生理性别与社会性别一样，都是社会文化建构的产物。但由于巴特勒深受奥斯汀和德里达等人的语言表演理论的影响，她认为，女性主体实际上是通过语言话语的引用和重复塑造的，类似于阿尔都塞的“召唤”理论。应该说，巴特勒在这里已经陷入了结构主义的把所有物质性简约为语言的泥淖，只注重抽空了社会实际内容的话语权力网络的铺设，以至于身体经验被多元的话语权力包括，被同一性的客体概念所同质化，丧失了物质性、抵抗性和颠覆性。尽管巴特勒曾一度重视身体的异质经验，但并没有贯彻到底，真正落实，在探讨抵抗颠覆的可能性时，也仅仅是“话语与话语之间对话语霸权的争夺”[②]。由此不难看出，正是由于巴特勒取缔了前话语领域中存在自然身体的可能性，阿多诺式的以身体异质经验为本的非同一性抵抗才会陷入无望的僵局。而很重要的一个原因在于，她对“妇女”这个主体范畴的理解犯了同一性的错误。阿多诺的否定辩证法认为，非同一性的存在形式是“星丛”，主体与客体、自我与他者、概念与经验、精神与身体之间，呈现一种非奴役性、无中心、无等级的关系，但又互相承认差异矛盾。就本质与现象的“星丛”而言，“本质不再被实在化为纯粹的、精神的自我存在。毋宁说，本质进入直接性的外表和假定的事实掩盖下的东西中，这种东西使事实成为它们实际的

① 朱迪斯·巴特勒．性别麻烦：女性主义与身份的颠覆［M］．宋素凤，译．上海：上海三联书店，2009：30.

② 李昀，万益．巴特勒的困惑：对《性属困惑》的阿多诺式批判［J］．当代外国文学，2006（1）：64.

样子，……对本质的认识只能靠事物所是的样子和它们应是的样子之间的矛盾”[①]。换句话说，对于事物本质的理解，应该“承认认知对象的先在性（所是），但更看到认知活动在历史性生存中的建构性，‘本质’不是非历史的凝固实体，它同样是变动不居的”[②]。因此，对于“妇女”这个主体范畴，我们应该既承认生理性别的先在性（所是），又承认社会性别的变动不居（应是）。只有这样，才能辩证地把握妇女这个主体范畴。巴特勒的错误之处在于，以社会性别同一化了生理性别，通过强化社会性别，拒绝了事物的先在性（生理性别），而完全倒向社会性别。这样，对于女性而言，便丧失了身体异质经验的非同一性，从而也无法奢望去抵抗父权制文化的同一性暴政了。

由此可见，阿多诺在非同一性中培育出来的身体抵抗经验，与西方女性主义批评构成一种或契合或纠偏的对话关系。这意味着，在阿多诺的否定辩证法中，有着可供女性主义批评深入挖掘的理论资源。

（三）批判理论与女性主义融合的相关问题及思考

阿多诺无论是对于女性身体异化的揭示，还是对于女性身体抵抗性和颠覆性的培育，从根本上而言，都隶属于他的批判理论。这固然可以充实批判理论的内容并激活其活力，但批判理论在吸纳女性主义批评时，也会带来一些问题和争议，这对于促进批判理论与女性主义的融合，不无裨益。

一是批判理论的男性认知视角。对文学阅读的男性中心主义批判，是女性主义批评的一个主要内容。长期以来，在父权制的社会文化背景下，文学阅读一直是由男性主导的，在批评阐释中，彰显出对于女性的偏见和歧视。女性则由于受教育程度较低，往往被排斥在阅读之外，即使参与，也往往被男权意识侵蚀，难以具有独立自觉的女性意识。这样，一个油然而生的疑问便是，阿多诺作为一名男性批判理论家，当他在对《奥德赛》

---

① 特奥多·阿多尔诺.否定的辩证法[M].张峰，译.重庆：重庆出版社，1993：164-165.

② 张一兵.文本的深度耕犁：后马克思思潮哲学文本解读：第2卷[M].北京：中国人民大学出版社，2008：44.

中的女性问题进行分析时，是否也充满了对于女性的偏见呢？在这点上，Patricia Jagentowicz Mills认为，阿多诺、霍克海默等人的批判理论，作为当时成熟的哲学思想，固然被波伏娃等女性主义批评家所借鉴，促进了女性主义批评的发展。但在分析一些文本时，批判理论往往依据的是片面的男性体验，而欠缺从女性体验角度进行批判。她认为，阿多诺在分析《奥德赛》时，是从男性认知视角出发的，对于奥德修斯神话的重新解读利用，主要关注的是男性的认知视角；女性欲望仅仅在混乱的男女性交和对自然的控制范围内进行讨论。这歪曲了对于女性欲望及其在这一认知过程中作用的理解。例如，阿多诺认为海妖塞壬的甜美之音，代表着自然世界的感性之音和快乐诱惑，能吞没男性的权力和欲望。女巫喀耳刻则被作为妇女性欲无常和混乱的代表，对于男性主体也是一种威胁。由此看来，Patricia Jagentowicz Mills的分析和判断不无道理，但如果变换一下视角，也可以认为，阿多诺对于女性的这种偏见式认知和分析，实际上是在揭示造成女性异化的原因，然后予以批判。可以这样理解，在男权社会，男性居于主导地位，女性则是被动的；男性可以从维护自己的利益出发，对女性欲望进行贬低和蔑视，这不能不说便是对女性的偏见，由此置女人于异化的境界，这理应予以批判。正如Lisa Yun Lee所言，阿多诺的《启蒙辩证法》不仅包含着对于启蒙理性，以及男人为了确立对于自然和妇女的统治所采用的种种方法的批判，而且是重点观察女性如何被文化生产出来的重要资源。如此，便为批判理论与女性主义的融合带来某种契机。

二是批判理论对于政治实践的排斥。应该说，女性问题既是理论问题，也是实践问题，在理论上的探讨倡导，归根结底，还是为了推动社会现实中女性问题的解决。许多女性主义批评者是这么想，也是这么做的。但对于阿多诺而言，似乎又另当别论了。这不得不先从发生在他身上的一件事情谈起。在1969年春天的一天，阿多诺正在课堂上讲解辩证法思想，突然几个女生冲上讲台，以具体行动抗议他对社会行动的沉默。这些学生以一种身体对抗思想理论的方式，说明了阿多诺的批判理论与社会行动是断裂的。在这点上的确如此，阿多诺是主张批判理论远离政治实践的，他认为理论本身就是一种解放的实践：思想即行动，理论即实践，理论是在不自由中对于自由的保证。相反，对于政治实践，尤其是大众运动则严重排斥：要求理论屈服于实践，是对理论真理内容的消解，并同时宣告实践是一种欺骗，假如在大众运动的麻醉下，实践掩饰了现实状况的不可能性，它便反转成为意识形态。因此，阿多诺非常反对从理论导向政治实践，与本雅明在大众身上发现革命潜能的认识不同，他认为大众已经被资产阶级和文化工业意识形态所收编和整合，已不应也不能成为政治革命的主体和潜能。于是，问题便出来了，当大众已不具备革命潜能时，甚至成为压迫的同谋时，作为大众组成部分的妇女又如何在行动上实现解放呢？也许我们还是应该返回来，对大众采取一种辩证的态度。那就是，虽然在阿多诺看来，大众已被资产阶级和文化工业意识形态所收编，但也应看到，大众身上也蕴含有革命潜能的一面，本雅明和英国伯明翰学派便持这种观点，这样也便为大众及妇女的现实解放保留了希望。

三是批判理论的回忆诉求。饶有意味的是，马尔库塞、本雅明、阿多诺等法兰克福学派成员在对社会文化和意识形态进行批判时，往往习惯于在传统和远古文明中检索诊治现代文明的良药。例如，马尔库塞针对启蒙理性对于自然神性的祛魅，指出："回忆作为认识的功能毋宁说是一种综合，是把在歪曲的人性和扭曲的自然中所能发现的那些支离破碎的东西重新组合在一起。"[①]本雅明面对现代文明所造成的经验的贫困，对传统的灵韵充满了无限的留恋。对于阿多诺而言，除了基于反思启蒙理性而回忆自然神性外，他对于父权制之前的那个女性不受异化和征服的社会历史充满了美好的回忆。例如，阿多诺分析道，在父权制这个所谓的"文明社会"，追求另类快乐本能的人往往被贬称为猪猡，而在史前，这完全是合理正当的，那种陶醉的感觉"不仅与性非常相似，而且也与史前的记忆很相似"[②]。这实际上间接为女性作了辩护，因为在父权制社会中，女人的性本

① 赫伯特·马尔库塞.审美之维[M].李小兵，译.桂林：广西师范大学出版社，2001：130-131.

② 霍克海默，阿道尔诺.启蒙辩证法：哲学断片[M].渠敬东，曹卫东，译.上海：上海人民出版社，2003：72.

能被认为是对男人造成威胁的。还有，在现代婚姻中，将男性占有的财产同时归在女人名下的习惯，尽管只是一个虚伪的幌子，但它“满足了女人对前父系制度时代美好年华的追忆”[①]。应该说，这种对于父权制之前女性不受压迫的美好历史的回忆，可以被作为潜在的颠覆资源，质疑当前父权制存在的合理性，并为摧毁父权制、创立新秩序提供蓝图。但必须注意，这种回忆本身并非没有问题和争议。例如，这种回忆也有可能被反女性主义者利用，以使父权制的存在合法化。在历史上，统治者为确立自己的权威，往往会借助一种叙事逻辑，说权威确立之前的情况如何，而这个权威又如何作为一种必要现在出现。具体到反女性主义者，他们会振振有词地说，从母权制到父权制是社会历史发展的必然，母权制已成为一个无可挽回的过去，因此，应安心于父权制的存在。此外，巴特勒对于这种回忆也颇有微词，她认为：“回归一个原始的或是真正的女性特质，是一种乡愁式的、视野局限的理想，它回绝了提出一套论述、视性别为一种复杂的文化建构的当代要求。”[②]巴特勒的论述并非没有道理，但也有盲见。一方面在于，当人们对于现状不满时，往往会采取一种回忆的形式，来弥补心灵的裂痕，这是一种最为正当不过的情感需要，是没有必要也不可能取消的；另一方面，回忆（怀旧）并不意味着是对现实问题的放弃和逃避，反而可以在现实与过去的对比中，以过去为参照点，质疑、反思现状的合理性，故回忆并不必然会导致批判理论与女性主义融合出现困境。

---

① 霍克海默，阿道尔诺．启蒙辩证法：哲学断片[M]．渠敬东，曹卫东，译．上海：上海人民出版社，2003：115.

② 朱迪斯·巴特勒．性别麻烦：女性主义与身份的颠覆[M]．宋素凤，译．上海：上海三联书店，2009：50.

二、身体与奥斯维辛集中营及大众文化

（一）从身体视角反思奥斯维辛集中营

当身体被作为一种抵抗、瓦解同一性的异质经验提出后，阿多诺又指出，“在快乐和不快乐方面，这些事实之中明显有一种身体的因素。一切痛苦……采取了身体的各种各样被中介的、有时不可认识的形式”[①]。而身体要素告诉人们这样一个道理：痛苦不应存在，应该有所不同。因此，阿多诺认为，应该消除、减轻痛苦，但不应“立足于感受痛苦的个体的状况，而只应立足于个人从属于的类的状况、即个人主观上想摆脱而客观上又被抛入一种无希望的客体的绝对孤独中的状况”[②]。在这里，阿多诺已经赋予身体经验以一种社会现实性，“特定的唯物主义与批判主义和社会变革的实践相一致”[③]，并且，是指向陷个体于痛苦中的“类的状况”。但在阿多诺的理解中，这种“类的状况”并非仅仅是一种泛指，而是有所特指的，即奥斯维辛集中营屠杀事件。阿多诺在《否定的辩证法》一书的最后，对于奥斯维辛集中营进行了反思。奥斯维辛集中营惨剧的根源是启蒙思想形而上的同一性原则，而这是阿多诺深恶痛绝，并予以批判的。因此，对于惨绝人寰的奥斯维辛集中营屠杀事件的提出，是阿多诺的否定辩证法对同一性逻辑进行解构的最后一个现实策略：“悲愤的追问”。而这种“悲愤的追问”是以非同一性的痛苦的身体经验为利器的。

应该说，法西斯主义纳粹文化对于身体是充满了迷恋的，但这种身体是理想化的，而非物质现实中生活、呼吸的身体，即一种乌托邦式的身体美学。它推崇完美，鼓励忍受痛苦，如纳粹统治下的画家和雕塑家在表现裸体时，禁止展示身体的种种瑕疵；纳粹电影《最后的努巴人》歌颂全裸

① 特奥多·阿多尔诺.否定的辩证法[M].张峰，译.重庆：重庆出版社，1993：200.

② 特奥多·阿多尔诺.否定的辩证法[M].张峰，译.重庆：重庆出版社，1993：201.

③ 特奥多·阿多尔诺.否定的辩证法[M].张峰，译.重庆：重庆出版社，1993：201.

的原始人在等待最后的磨难和种族灭绝时，照样在烈日下嬉戏、摆造型[1]。同时，这种身体美学意味着一种理想的色情：性的内容被转变为领袖的个人魅力及追随者的欢愉。即是说，法西斯主义试图将性的能量转变成一种鼓动群众的精神力量。这在纳粹文化中处处得以彰显。例如，党卫军的制服时髦、做工考究，暗示了党卫军作为一种理想的化身，代表着法西斯主义暴力的正义性："有权征服他人，并将其完全视为绝对低人一等的人。"[2]在这里，党卫军的制服已经被性欲化了，成为一种传播性幻想的组成单位，其还表征了法西斯主义身体美学对于控制、屈服行为的推崇。

但与这种行为相比，更变本加厉的是法西斯的种族灭绝，而这是绝对的一体化，证实了"纯粹同一性的哲学原理就是死亡"[3]。于是，在奥斯维辛集中营的屠杀中，工具理性大行其道。党卫军会把被屠杀者视为活动的机器和它的各个环节以及垫在骨骼间的肌肉，死掉的不再是个人而是样品。尤为令人心寒的是集中营里的施虐者对于个人生命的冷漠，他们给予牺牲者预言：明天你们将化为烟雾从这个烟囱里升上天空。或许在他们看来，个人生命压根就是可互换和可替代的。

面对这种由同一性哲学和种族一体化所导致的屠杀，阿多诺认为，必须从哲学上进行思考，因为哲学的刺透越是深刻、越是有力，人们就越是怀疑哲学从人们身上清理掉了实际的事物，而"实际的事物"应是类似于脚踏实地的东西，而不是类似于崇高的东西，它通向唯物主义，即个人的现实苦难和痛苦的身体经验："日复一日的痛苦有权利表达出来，就像一个遭受酷刑的人有权利尖叫一样。"[4]因为对于给人们带来切肤之痛的希特勒的绝对命令，靠推论来对付太残暴也不可能，"这种肉体痛苦使个人听任个性作为一种精神反思形式而消失"[5]，"在经验世界中，无意义的痛苦的最

① 苏珊·桑塔格.在土星的标志下[M].姚君伟，译.上海：上海译文出版社，2006:86.
② 苏珊·桑塔格.在土星的标志下[M].姚君伟，译.上海：上海译文出版社，2006:99.
③ 特奥多·阿多尔诺.否定的辩证法[M].张峰，译.重庆：重庆出版社，1993:362.
④ 特奥多·阿多尔诺.否定的辩证法[M].张峰，译.重庆：重庆出版社，1993:363.
⑤ 特奥多·阿多尔诺.否定的辩证法[M].张峰，译.重庆：重庆出版社，1993:366.

微不足道的痕迹证明向我们谈论这种痛苦的整个同一性哲学是谎言”[①]。这无疑说明，痛苦的身体经验是抵抗法西斯主义所遵循的同一性哲学的利器。而如果同一性思想不用痛苦的身体经验来衡量，那么，它就“具有一种音乐伴奏的性质，党卫队喜欢用这种音乐伴奏来压倒它的受害者的惨叫声”[②]。

也正是因为痛苦的身体经验，阿多诺转向一种对于文化形而上学，尤其是死亡形而上学的批判。在阿多诺看来，身体的死亡虽然可以质疑某种文化形而上学，以及消除其试图掩盖罪过的幻想带来希望，但如果这种希望产生了对完好无损的基础层次的渴望，便可能与其要质疑的文化结成同谋。在这方面，海德格尔是代表。他虽然反思形而上学，却否认了“所谓的纯粹范畴与社会内容的联系”，“无视社会，但鼓励社会以现存形式继续存在”，从而“使破坏成了一种可尊敬的渗透存在的手段”[③]，这种思想在某种程度上已与法西斯主义的破坏结为同盟。海德格尔所提出的“向死而生”，实际上是一种形而上学的拔高，使死亡成为存在的整体，通向生存价值。虽然试图安慰“社会的变化已使人们丧失了据说一度使得死亡对他们来说是可忍受的东西，丧失了死亡和丰富的生命史诗般统一的感受”这个现实，但在布满密网的集中营里，人们只会感到死亡是外在和陌生的，“不再幻想死亡可以与他们的生命相通约，他们不能接受他们一定得死的事实”[④]。更何况，作为死亡经验载体的个人，完全就是历史的范畴，死亡是不能从历史中抽取而出的，所以，海德格尔的“向死而生”的说法，“既是不真实的，也是抽象的”[⑤]。正因如此，阿多诺才会质疑贝克特的“力图给人们以勇气”的战壕信念，因为这只会使人在奥斯维辛集中营里粉身碎骨，而人作为一种肉体存在，痛苦的身体经验，已然瓦解了死亡的先验性，只

① 特奥多·阿多尔诺.否定的辩证法[M].张峰,译.重庆:重庆出版社,1993:201.
② 特奥多·阿多尔诺.否定的辩证法[M].张峰,译.重庆:重庆出版社,1993:365.
③ 特奥多·阿多尔诺.否定的辩证法[M].张峰,译.重庆:重庆出版社,1993:369.
④ 特奥多·阿多尔诺.否定的辩证法[M].张峰,译.重庆:重庆出版社,1993:370.
⑤ 特奥多·阿多尔诺.否定的辩证法[M].张峰,译.重庆:重庆出版社,1993:371.

会使人具有一种新的恐怖，“怕死意味着怕是比死更糟的事情”[1]。

由此可见，痛苦的身体经验构成了阿多诺反思、批判纳粹集中营和同一性哲学的利器，因为他深深地相信，希望所依存的……是变形的身体。

（二）创伤记忆对于大众文化的影响

记忆作为人的一种心理机能和精神结构，对于个人或集体的日常生活有着潜移默化的影响。记忆在内容上可分为多种类型，不同类型对于人的影响也不同。即以对比鲜明的美好记忆和创伤记忆为例，当对于现实的状况不满时，美好记忆便可能作为一种怀旧的资源，抚慰心灵的缺憾；而昔日生活中所遭遇的伤害事件，如果铭刻在心，始终挥之不去，也有可能作为一种梦魇般的创伤记忆，左右着人们今后的情感和生活理念。创伤记忆在阿多诺身上体现得尤为明显，影响了他对于大众文化的看法。

在阿多诺心中，一个难以抹杀的创伤记忆是奥斯维辛集中营的屠杀。这在成为他无法愈合的伤口的同时，也使他的艺术思想被浓厚的悲观主义色彩所浸染，成为“忧郁的科学”。一般而言，艺术往往被视为释放、愈合创伤记忆的绝佳载体和途径，但阿多诺却给出了振聋发聩的断言：在奥斯维辛之后，写诗是野蛮的。当然，这并非意味着阿多诺是在全盘否定艺术，他认为，思想家和艺术家在创作时，如果时常描述一种不是身临其境、不是在表演的感觉，使人对于苦难现实保持一种旁观者的距离并超然于事物，那么，这样的艺术将是冷漠且不人道的。他举过这样一个例子，著名剧作家萧伯纳在往剧场走的路上，向一个乞丐出示了自己的证件并匆忙说“报社的”，这充分说明了一个追求审美情趣的作家对于现实苦难的冷漠。

不但如此，集中营的创伤记忆也深深地影响了阿多诺对于大众文化的态度。在他的记忆中，“身体的信号首先不是愉快而是痛苦。在奥斯维辛的阴影中，身体处在绝对物质性的痛苦之中，处在人性的山穷水尽的状态之

[1] 特奥多·阿多尔诺.否定的辩证法[M].张峰，译.重庆：重庆出版社，1993：372.

中”[①]，而大众文化却是一种注重身体愉悦感的艺术，并且，这种愉悦感是虚假的。这样，便也注定了阿多诺对于大众文化的严厉批判态度，在阿多诺看来，一方面在于，奥斯维辛之后愉悦性的艺术是不可能的，因为奥斯维辛在可以预见的将来仍是可能的，“内在于所有欢快艺术、尤其是娱乐形式中的非正义行为，是抵制死者之苦难的非正义行为，那苦难是积累起来的，是难予言表的”[②]。另一方面，他从大众文化的运作机制中发现了法西斯主义的幽灵，大众文化甚至成为法西斯主义的温床。例如，大众文化的主要媒介广播电台，虽然把文化产品带入了商业领域，但由于不向听众征收税金，也便没有把文化产品作为商品直接提供给听众。这样，广播就成了“不冷不热、不偏不倚的权威的虚幻形式，这种形式是最适合法西斯主义的胃口的。广播变成了领袖的话筒；领袖的声音通过大街上的喇叭传播出来，就像塞壬的嚎叫一样，引起了极度恐慌”[③]。还有广告、商标，其传播模式与法西斯主义的宣传也几乎一致：为词语注入特定的指涉，将它们盲目而又迅速地传播开来，这种做法完全可以把广告同极权口号联系起来。可以看出，在大众文化与法西斯主义的种种联系中，身体快感扮演着主要角色，而“把身体以及身体的愉快毫无疑义地断定为肯定性的范畴是一种危险的幻觉，在社会秩序中，为了社会自己的目的而具体化并且控制肉体的快感，就像社会对思想的殖民化一样残酷无情”[④]。因此，阿多诺对于大众文化的批判就毫不奇怪了。

但需要指出的是，仅仅因为奥斯维辛集中营的创伤记忆，以及与法西斯主义存在些许相似性，便一概否定、批判大众文化，也是不妥当的，这是对法西斯主义作出的过度的反应。不过，对于一个曾经的法西斯受害者，

---

① 特里·伊格尔顿.审美意识形态[M].王杰，傅德根，麦永雄，译.桂林：广西师范大学出版社，2006：348.

② 阿多诺.美学理论[M].王柯平，译.成都：四川人民出版社，1998：71.

③ 霍克海默，阿道尔诺.启蒙辩证法：哲学断片[M].渠敬东，曹卫东，译.上海：上海人民出版社，2003：178.

④ 特里·伊格尔顿.审美意识形态[M].王杰，傅德根，麦永雄，译.桂林：广西师范大学出版社，2006：349.

阿多诺的这种做法看起来虽怪，但又的确可以理解。尽管如此，对于奥斯维辛集中营这样的创伤记忆，也许采取以下的态度较为合理，以免使人们反弹过度，成为重负："从另外一面来说，与创伤的负面影响保持一定距离，能使历史观察者得到一种诠释的方法，获得读解历史的不同途径……但也不能被动地当创伤的俘虏，'要从事后的目光来追想过去时代的可能性，从而憧憬更良好的未来，而不是仅仅默认自己是历史的产物'。"①

在阿多诺的女性主义批评和对于奥斯维辛集中营事件及大众文化的反思中，身体作为一种异质的经验触及了个体经验和历史事件的痛处，并给予人们对于未来的希望和期待。也许，人们会像质疑阿多诺的审美乌托邦一样，质疑他的非同一性的身体抵抗及乌托邦。但有一点是不容忽视的，阿多诺的非同一性使人们知道了事情，有知情，才有对于未来尝试的冲动和希望。在阿多诺的哲学中，身体既非真理，也非路径，而是对于一种未来独特希望和理想可能性的揭示，在这时候，人们可以在差异和熟悉中存在。

第二节　本雅明：从身体话语的寓言性到政治性

在法兰克福学派中，本雅明是一个相当独特的人物，其思想相当驳杂而含混，神学的、哲学的、历史的、文学的、马克思主义的，都糅合在一起，以至于难以对其学术身份进行确切定位。不过，虽然本雅明的思想驳杂而含混，但有一个意象却始终或明或暗、隐约地贯穿于其思想中，即身体意象。身体成为本雅明批判现代工具理性，拯救废墟和传统的一种主要手段和路径。其中，本雅明美学思想中的身体话语尤为值得关注，身体几乎成为他的许多作品挥之不去的一个意象，并且，本雅明的身体话语，无论是在西方马克思主义理论内部，还是在西方身体话语研究史上，都有着

① 张蜀津.创伤记忆的抚慰与新的民族记忆共同体的建构："新时期前期"电影中的民国叙述[J].北京电影学院学报,2011(1):67.

重要的理论意义。

一、《德国悲剧的起源》：身体的受难与寓言性

在本雅明的早期著作《德国悲剧的起源》（又译《德国哀悼剧起源》）中，身体就成为他分析悲悼剧的一个重要意象。《德国悲剧的起源》写于1924—1925年，是本雅明为谋取教授职位资格而写的论文，虽然最终谋取未果，但旋即于1928年发表，为人们重新认识和评价德国悲悼剧这一艺术形式打下了基础。产生于17世纪的德国巴洛克悲悼剧，往往被视为是“对古希腊悲剧的拙劣模仿，是艺术意志放纵的结果，而艺术意志放纵一向被认为是一切衰落时代的特征，被视为古希腊悲剧的堕落形式”[①]，因此，德国悲悼剧在研究界长期未能得到系统而正确的评价，直到本雅明，其扭转了悲悼剧研究的尴尬状况。

德国悲悼剧之所以长期得不到正确评价，缘于人们普遍认为其不符合古希腊悲剧的传统和精神，偏离了亚里士多德的悲剧理论的规范。本雅明却不这么认为，他以自己的理论说明悲剧应被视为一种理念理解，而非概念：“仅就其成为艺术哲学的研究对象这一点而言，悲剧是一种理念。这样一种研究迥异于假定悲剧之整一的文学史研究”[②]，“理念是一种形式或体裁的极端例子，因此并不进入文学史”[③]。这就说明了对于德国悲悼剧的研究，不应以传统的悲剧理论为标准来定位，正确态度应该是：“把悲悼剧和悲剧看成并列的关系，而不是顺承的关系，它们是两个不同历史时期的不同戏剧样式。”[④]

本雅明认为，产生于17世纪的德国巴洛克悲悼剧并不同于悲剧，在此基础上，他区分了两者的不同，这表现在许多方面，如悲剧的语言受外界

---

① 于闽梅.灵韵与救赎:本雅明思想研究[M].北京:文化艺术出版社,2008:146.

② 瓦尔特·本雅明.德国悲剧的起源[M].陈永国,译.北京:文化艺术出版社,2001:101.

③ 瓦尔特·本雅明.德国悲剧的起源[M].陈永国,译.北京:文化艺术出版社,2001:11.

④ 于闽梅.灵韵与救赎:本雅明思想研究[M].北京:文化艺术出版社,2008:149.

的影响较大，悲悼剧的语言则是变化的；悲剧具有固定的舞台，悲悼剧的舞台则不固定，强调真正的空间是内心的情感世界；等等。其中很重要的一点区别是，悲悼剧本身是受难剧，强调个人的身体受难和痛苦。虽然说古希腊的悲剧也会涉及身体的痛苦和死亡，但这不是最终的目的，其最终目的是向神献祭，唤起观众的敬仰之情。而悲悼剧强调的则是，在纯粹自然状态下个人的身体痛苦和对于死亡的畏惧。因此，本雅明才认为悲悼剧受亚里士多德的悲剧理论的影响微乎其微，"不能从根本上说对受难剧的描写见于诗学手稿中对戏剧的全部定义"，那些定义涉及的只是主人公的行为，不涉及主人公的受难，而悲悼剧在通常情况下，"与其说涉及其精神折磨，毋宁说涉及其身体所处逆境给他带来的极度痛苦"[①]。这是因为只有身体的影响才能使精神与世界接触，精神所忍受的折磨与其说是所谓的悲剧冲突，毋宁说是暴力情感的直观基础。正因如此，本雅明批判了苏格拉底的身体理论。在本雅明看来，通过使邪恶的悖论屈从于理性而将英雄传奇进行了世俗化，这使苏格拉底具有无以言表的优越感，因而他没有任何反抗地自愿赴死。而苏格拉底之所以能够如此，是因为他把人类的身体和灵魂看成是二元对立的，他认为灵魂是神圣不朽的，身体则是沉重可朽的，身体束缚、压制灵魂。所以，身体的死亡反而意味着灵魂的解脱，这样，苏格拉底便乐其所见、所想地认为，死亡是外来的，是能够超越的，没有什么可畏惧的。相反，悲剧里的英雄可以说成是没有灵魂的，在他们那里，生命从死亡展开，生命活动是死亡的过程，死亡不是外在于他们的，"对于死亡的畏惧是真实而自然地，他的高贵恰恰在于对于畏惧死亡，但又为了捍卫生命自身而起来反抗死亡"[②]。本雅明在这里实际上想说明的是，悲悼剧中的身体受难是在自然状态下发生的。

在本雅明看来，悲悼剧是以历史生活为内容和客体的，而非古希腊悲剧中的神话，所以，悲悼剧不在于表现上帝和命运的冲突，也不是对历史的再现，而是"证实王族的美德，描写王族的罪恶，透视外交和所有政治

① 瓦尔特·本雅明.德国悲剧的起源［M］.陈永国，译.北京：文化艺术出版社，2001：42.

② 秦露.文学形式与历史救赎：论本雅明《德国哀悼剧起源》［M］.北京：华夏出版社，2006：148.

阴谋的操纵"[①]。这样，便注定了君主将是悲悼剧的主要人物，君主成为悲悼剧的化身。在悲悼剧中，君主是生活在尘世上的，他们具有至高无上的权力，可以采取各种暴力手段施虐于人，以维护和巩固自己的皇权和统治，这体现了君主形象的一面——暴君。而君主还有另外一面形象，即受难者。君主虽然被赋予了至高无上的权力，但其毕竟是生活在尘世的凡人，而不是神，这样，当他面临战争、反叛或其他灾难导致的紧急状况时，由于其统治能力有限，未必能够做出决策，即是说，君主的统治能力与他的统治权力不是匹配的，而是对立的。这样，"君主负责决策，宣布紧急状态，结果证明在刚刚得到决策的机会时却几乎没有能力决策"[②]，于是，便会置君主于垮台、毁灭、受难的境地。这种受难"不是如基督那样自愿地以人类的名义受苦，不是人类苦难的替罪羊或者代言人"[③]，而是处在自然状态下的无奈的、极端的身体受难、受苦。也可以说，在悲悼剧中，遭受身体折磨和痛苦的是君主。

而为了避免自己的政权垮台和身体受难，君主除了实行暴力专制统治，"以铁一样不变的自然法则取代历史事件的不可预见性"[④]外，君主还会建立"防范紧急状态的灵魂堡垒，也即情感的控制"[⑤]，也就是说，通过对身体欲望的控制，试图使个人的决策能力不受身体状况的影响。这种身体的苦行主义，可谓是"自我身体治理术的开始"[⑥]。当这种措施在女性身体上实施时，便要求女性身体保持贞节，以免扰乱君主情欲，导致社会政治动荡。

尽管如此，由于君主的尘世化，必然崩溃和受难的命运依旧无法避免。而为了表现这个崩溃的世界，在艺术形式上适合用寓言来进行表达。美国历史学和比较文学教授理查德·沃林在评价《德国悲剧的起源》时，援引

① 瓦尔特·本雅明.德国悲剧的起源[M].陈永国，译.北京：文化艺术出版社，2001：35.

② 瓦尔特·本雅明.德国悲剧的起源[M].陈永国，译.北京：文化艺术出版社，2001：41.

③ 秦露.文学形式与历史救赎：论本雅明《德国哀悼剧起源》[M].北京：华夏出版社，2006：172.

④ 瓦尔特·本雅明.德国悲剧的起源[M].陈永国，译.北京：文化艺术出版社，2001：44.

⑤ 瓦尔特·本雅明.德国悲剧的起源[M].陈永国，译.北京：文化艺术出版社，2001：44.

⑥ 秦露.文学形式与历史救赎：论本雅明《德国哀悼剧起源》[M].北京：华夏出版社，2006：172.

本雅明个人简介中的话指出，这本书“意在为17世纪的德国戏剧提供一种新观点。研究的任务是将它的形式——悲苦剧——与悲剧作比较，从而揭示出作为文学形式的悲苦剧与作为艺术形式的寓言之间的亲缘性”，“献给哲学内容中一个被遗忘和被误解的艺术形式：寓言”[①]。这无疑指出了寓言是理解《德国悲剧的起源》的一个重要的概念术语和批评视域。尤为值得注意的是，寓言批评在某种程度上，也与身体意象密切相关。

《德国悲剧的起源》中寓言概念的提出，是为了反对象征观念长期占据艺术、美学批评领域的权力宝座。象征是一个文体学概念，属于古典主义的艺术范畴，坚持艺术作品的形式与内容是不可分、统一在一起的，使艺术作品成为一个个别与普遍，特殊与一般，短暂无常与永恒不朽都可以在内在经验中结合起来的有机整体。在这个有机整体中，部分的、此刻的意义必须融合在整体的意义中才可以被理解，相应地，外部的物质现实也需在连续的、同质的历史秩序中进行理解，使历史的具体片段最终能够成为说明意义之完满的佐证，这样，在象征的艺术作品中，呈现出的世界是圆满的、和谐的、理想的。

而寓言作为一个文体学概念，与象征概念相对应。在艺术作品中，寓言不追求有机整体性，其形式与内容是分离的，意义的表达遵循“把一种基于体验的形式的潜在性确立为消解固有的历史现象和构筑新的意义空间的方法”[②]，其意义不是唯一的，而是多重的。在表现外在的自然历史时，寓言缺乏全部“象征性”表达自由，全部古典的匀称，和全部的人性，历史不再理想、圆满，呈现在观察者眼前的是“历史弥留之际的面容，是僵死的原始的大地景象”[③]。这实际上说明了寓言是自然和历史的结合，人类历史与自然的经历相似，自然正趋于死亡和腐朽，人类历史也是不可抵抗地走向死亡和腐朽。这样，寓言的世界就是一个废墟的世界：“寓言在思想

① 理查德·沃林.瓦尔特·本雅明：救赎的美学[M].吴勇立，张亮，译.南京：江苏人民出版社，2008：63-64.

② 瓦尔特·本雅明.德国悲剧的起源[M].陈永国，译.北京：文化艺术出版社，2001：50.

③ 瓦尔特·本雅明.德国悲剧的起源[M].陈永国，译.北京：文化艺术出版社，2001：136.

领域里就如同物质领域里的废墟。”[①]而为了呈现这个废墟世界，悲悼剧借助于尸体，因为只有尸体才可以进入寓言的国度，身体的寓言化只能在尸体方面贯穿全部活动，而尸体是由悲悼剧中的暴君提供的。尸体意味着身体有机体的打碎和毁灭，而从尸体的碎片中，可窥见其意义的多重领域。在此基础上，便形成了本雅明的废墟美学。

在本雅明的理解中，这个废墟世界显然不仅仅是指巴洛克悲悼剧所反映的时代，而是泛指广泛的人类社会历史，尤其是20世纪人类社会发生的动荡和劫难的时代。本雅明希望从这个废墟世界中寻找到意义与希望：“既然历史到处是灾难与‘无希望’，既然我们无法从残破的世界找到规范与和谐的意义，那就让我们通过寓言的残破与灾难，向永恒求救。”[②]此外，在废墟的世界中，身体的破碎与受难往往意味着忧郁情绪的产生，而忧郁是“最具造物性的思辨冲动”[③]。通过忧郁可以“清除对客观世界的最后幻觉，完全用自己的手法，不是在世俗物质世界上嬉戏地、而是在天堂的注视之下严肃地重新发现自身”[④]。

二、弗兰茨·卡夫卡：打捞被遗忘的异化身体

卡夫卡是本雅明比较关注的一个作家，本雅明对卡夫卡文学作品的解读，偏离了卡夫卡作品本身的目的，主要原因在于本雅明对于身体问题颇为关注。本雅明在1934年所写的关于卡夫卡的文章，关注点在于身体的异化和遗忘。

本雅明认为，在现代社会，人实际上处于一种异化状态中，但却被遗忘了，遗忘最深的是“我们的身体——我们自己的身体”[⑤]，也就是说，现代人的身体与灵魂是分离的，身体被严重异化。本雅明以犹太教法典《塔

① 瓦尔特·本雅明.德国悲剧的起源[M].陈永国，译.北京：文化艺术出版社，2001：146.

② 于闽梅.灵韵与救赎：本雅明思想研究[M].北京：文化艺术出版社，2008：159.

③ 瓦尔特·本雅明.德国悲剧的起源[M].陈永国，译.北京：文化艺术出版社，2001：116.

④ 瓦尔特·本雅明.德国悲剧的起源[M].陈永国，译.北京：文化艺术出版社，2001：194.

⑤ 本雅明.写作与救赎：本雅明文选[M].李茂增，苏仲乐，译.上海：东方出版中心，2009：219.

木德》中的传说证明了这一点：有人问拉比，为什么犹太人喜欢在星期五晚上大吃大喝？拉比就讲了一个传说，一位公主的故事。公主被流放了，远离国民，与当地人语言不通，生活过得苦不堪言。有一天，她收到了一封信，信中说，她的未婚夫没有忘记她，已动身来她这儿了。拉比说，未婚夫是弥赛亚，公主是灵魂，而她被流放到的村子是身体，由于当地人听不懂她的话，她为了表达自己的快乐，灵魂就只能为身体设宴①。在这个传说中，村庄是人的身体的象征，它成为灵魂的流放地，但却无法相互沟通，是相互排斥的。本雅明认为，《塔木德》中所讲的村子也适用于卡夫卡的文学世界。

如果说在《塔木德》中的传说中，未婚夫没有忘记拯救公主，那么卡夫卡在文学作品中，也没有忘记去打捞被遗忘的异化的身体。而卡夫卡打捞的方式是通过“乐此不疲地向动物聆听被遗忘之事”②，他是一个将动物作为装填被遗忘之物的作家。在卡夫卡看来，动物善于思考，对原初的、不可追溯的事物以及近在眼前、迫在眉睫的事物充满焦虑和恐惧。换句话说，“这是对未知的罪过，对赎罪的恐惧，在赎罪中可能获得的唯一赐福就是挑明罪过”③。因此，为了赎罪，挑明罪过，人们就不应该忘记人的生存状态：身体的异化。而为了表现出身体的异化，卡夫卡不惜笔墨地描写变形动物或人变成动物，从而让人们认识到：“自己早已远离了人之大陆。”④在卡夫卡的作品里，充满了被遗忘之物的形式：变形的事物和动物，如扭曲变形的怪物俄德拉德克（《家长的呵护》）、变成甲虫的格里高利（《变形记》），以及耗子或鼬鼠等。

对于卡夫卡变形技巧和动物叙事的热衷，也应该放在卡夫卡注重身体动作的背景下理解。本雅明认为，卡夫卡相当数量的文学作品“构成了一套形体的符码”⑤，与中国传统戏剧注重将事件分解为形体元素相似。对于

① 本雅明.经验与贫乏[M].王炳钧，译.天津：百花文艺出版社，1999：342.
② 本雅明.写作与救赎：本雅明文选[M].李茂增，苏仲乐，译.上海：东方出版中心，2009：218.
③ 本雅明.经验与贫乏[M].王炳钧，译.天津：百花文艺出版社，1999：344.
④ 本雅明.经验与贫乏[M].王炳钧，译.天津：百花文艺出版社，1999：343.
⑤ 本雅明.写作与救赎：本雅明文选[M].李茂增，苏仲乐，译.上海：东方出版中心，2009：206.

卡夫卡而言，形体姿态是深不可测的，“每一个形体姿态本身都是一个事件——甚至可以说是一出戏剧”[①]。在卡夫卡的笔下，人物形体姿态的力量与我们所熟悉的环境对比强烈，与日常情景不相调适。因此，卡夫卡所写的人物的动作行为都是奇怪的。例如，在《变形记》中，“（老板）坐在桌子上，俯身对雇员们讲话。雇员们必须尽量向前，因为老板重听”。在《诉讼》中，讲述了K.在教堂的第一排座位旁站住了，“但神甫还是认为距离太远了；他伸出一只胳膊，用明显弯曲的食指指着紧靠讲坛的一个位置。K.还是照办了。坐在那里，他不得不想把头远远地向后仰起才能看见神甫”。在《敲门》中，听到敲门声的人吓得走路都弯着腰[②]。本雅明指出，人物的这些奇怪行为实际上是动物性的行为姿态，因为“这种动物性的形体姿态糅合了极端的神秘与极端的简洁”[③]。在这个意义上，我们也就可以更深入理解卡夫卡的作品何以充满了动物叙事。

卡夫卡作品中的形体姿态的意义在于打捞已被遗忘的异化的身体，而更深层的意义在于，人们可以通过这些形体姿态，重新记住造成身体异化的暴力和权威。本雅明认为，卡夫卡作品中的人物经常莫名其妙地鼓掌，而这些手“其实是汽锤”。“我们在持续不断的、缓慢的、或上升或下降的运动中，结识了这些当权者。”[④]当暴力和权威施虐于身体时，身体会自动地、无意识地对周围异化的环境作出反应，发生异化。需要说明的是，在本雅明看来，身体在异化前是无意识的、存在于前话语领域的，是无意识语言的物质形式或基质。也正是在这个意义上，本雅明对于卡夫卡作品中身体异化的揭示，与阿多诺在《启蒙辩证法》中对于女性异化身体的揭示和在《否定辩证法》中对于奥斯维辛集中营里痛哭身体经验的追问，并由此以非同一性的身体经验抵抗权威的同一性暴力，具有了某种契合性。阿多诺在文章《卡夫卡的说明》中，试图在对同一性批判的逻辑中重新评论

① 本雅明.写作与救赎:本雅明文选[M].李茂增,苏仲乐,译.上海:东方出版中心,2009:207.
② 本雅明.写作与救赎:本雅明文选[M].李茂增,苏仲乐,译.上海:东方出版中心,2009:206-207.
③ 本雅明.写作与救赎:本雅明文选[M].李茂增,苏仲乐,译.上海:东方出版中心,2009:207.
④ 本雅明.写作与救赎:本雅明文选[M].李茂增,苏仲乐,译.上海:东方出版中心,2009:198.

卡夫卡，并把本雅明的“遗忘最深的领域是我们身体”的概念扩大化，依据马克思的交换价值和物化概念原则解读卡夫卡。正如阿多诺所言，在卡夫卡作品中，最重要的事情是，人们意识到他们的身体已不再是自身，变成了物。不过，按照阿多诺的否定辩证法理论，个体的身体要素具有不被同一性暴力完全统摄、抽象的特质，正是身体的这种纯粹的、物质的非同一性，为人们抵抗同一性暴力，保留了希望。这样理解的话，本雅明在卡夫卡作品中所赋予的“无意识语言的物质形式或基质”的身体，似乎也具有了抵抗权威者的意味。

三、《单行道》中的性爱政治

本雅明的《单行道》是与《德国悲剧的起源》同时出版的一部较有影响的著作。这本书在写作方式上别具一格，抛弃了传统的逻辑思维、概念思维，直接运用意象呈现现实世界。这种意象不完全等同于柏拉图的理念，因为它不追求对世界的终极阐释，而在于通过一种“能将精神、形象和语言凝在一起”[①]的梦幻意象，去开启理性所无法知晓的世界。那么，在《单行道》中，所呈现的意象究竟是什么呢？阿多诺说：“唯有凭借客体的衰亡，凭借对自我的彻底剔除，《单行道》一书的意旨才得以被领会”[②]，即衰亡的意象，具体而言，便是对资本主义世界中的预示着衰亡的现象的揭示。

技术理性与物欲是资本主义社会统辖、异化人们生活的主要因素。在《到天文馆去》中，本雅明认为，古人与现代人的最大区别是：古人完全投入到宇宙性体验中去，产生一种迷狂感受；而现代人对这种体验是陌生的，且视之为无足轻重、可以抛弃的东西。现代人疯狂追逐的是技术理性，以驾驭自然为目的，由此给人类带来无穷的灾难。在《帝国全景》中，本雅明揭示了资本主义社会的物欲倾向，一切人们之间的亲密关系都被一种无以抵御的金钱所渗透：“金钱讨厌地处于所有生命旨趣的核心”，“金钱又

① 瓦尔特·本雅明．单行道[M]．王才勇，译．南京：江苏人民出版社，2006：152.

② 瓦尔特·本雅明．单行道[M]．王才勇，译．南京：江苏人民出版社，2006：156.

使几乎所有人间关系都停止了”[①]。真正的奢侈品本应是渗透着精神和交际因素的，但现在“对奢侈物品的展示，却如此肆无忌惮地成批出现，以致其中已不再闪烁任何精神性光泽”[②]。在《眼镜商》中，本雅明说明了商业社会的广告对于物品的夸大宣传作用：“使自己七倍于其所是，七倍于人们在他身上所看重的东西。”[③]

在本雅明看来，这种种导致人异化的因素预示着资本主义社会的衰亡，但本雅明对此并没有完全悲观，他对于衰亡意象的揭示，实质是为了拯救异化的人。而他所借助的手段是性爱，正如米歇尔·耶宁格所说：“《单行道》的最后几页突然以此前只是偶尔提及的性和情爱为主题，这样做虽然是为了表明：性爱是人社会性倾向的最后所在，其形式是两人世界。一个社会必须建立在此基础上。”[④]即是说，性爱成为保存人的社会性倾向、不至于使其异化的最后领域所在，并且，因为性爱，才有了孕育新生命、新社会的可能性。本雅明还把性爱生命扩展到了无产阶级力量新身躯的诞生：随之而来的反抗就是人类将新的身躯置于控制之下的最初尝试。无产阶级的力量状况是判断它康复程度的标准[⑤]。这样，《单行道》中的性爱与身体便被赋予了身体政治的意义，身体只有在创造的狂喜中才能战胜毁灭的疯狂，使人类族性更新换代，促进一个新社会的诞生。

在这里，性爱成为一种政治，具有救赎意义，也体现了本雅明的身体话语。在本雅明的理解中，身体一方面是历史的，经历了无数历史事件和行动的铭刻；另一方面，身体也是个人的、私有的，例如，在资产阶级的日常市民社会中，他们便将性爱完全视为个人生活的隐私，求爱仅仅是两个人之间的事情，摆脱了所有义务束缚。但本雅明不主张将身体的公共性和私有性完全分割开来，相反，他强烈吁求将私有的身体转变为公共的政治性身体，即将一个人的性爱生活赋予历史和政治意义，使私有的身体成

---

① 瓦尔特·本雅明.单行道[M].王才勇,译.南京:江苏人民出版社,2006:28.

② 瓦尔特·本雅明.单行道[M].王才勇,译.南京:江苏人民出版社,2006:37.

③ 瓦尔特·本雅明.单行道[M].王才勇,译.南京:江苏人民出版社,2006:101.

④ 瓦尔特·本雅明.单行道[M].王才勇,译.南京:江苏人民出版社,2006:13.

⑤ 瓦尔特·本雅明.单行道[M].王才勇,译.南京:江苏人民出版社,2006:149.

为公共的历史身体。本雅明特别推崇乌托邦身体，便是因为在这种身体理想中，个人主体的身体与历史身体不再分离，而是互相糅合的。

四、《巴黎拱廊街》：从物时间到身体时间

时间是理解本雅明的文本和理论话语的一个关键词，他的历史观、灵韵理论及弥赛亚救赎时间，毫无疑问都与时间有着千丝万缕的联系，甚至曾有学者总结认为，在本雅明的思想中贯穿着两条几乎平行的融合在一起的时间观，一条是犹太喀巴拉神秘主义的救赎时间观，另一条是尼采的谱系学的永恒复返的时间观[①]。因此，在这个意义上而言，如果从时间角度来透视本雅明的文本，无疑将具有切中肯綮、穿针引线的作用和效果。在本雅明的诸多文本中，《巴黎拱廊街》等著作，便具有鲜明的时间思想，表现出“物时间”和“身体时间”两种时间类型。

所谓“物时间”，源自法国的两位哲学家让·波德里亚和德波。让·波德里亚认为，当代社会已经进入一个物品丰裕的消费社会：“今天，在我们的周围，存在着一种由不断增长的物、服务和物质财富所构成的惊人的消费和丰盛现象”，“富裕的人们不再像过去那样受到人的包围，而是受到物的包围”[②]。这样，人们在日常生活的大部分时间里，便越来越受到物的支配，不得不“根据它们的节奏和不断替代的现实而生活着”[③]。德波在《景观社会》一书中提出了景观时间，具体而言就是，通过广告、电视、电影等各种媒介所制造的影像，去引导、激发人们对于实际商品的消费欲望，这样便使我们的日常时间被商品的影像消费所充斥。需要指出的是，景观时间往往是以损耗和消弭真实的生命存在为代价的。至此，根据波德里亚和德波的理论，可以把物时间大致描述为：人们根据物品快速更新换代的节奏和商品的幻象消费过生活。而这种物时间，是解读本雅明《巴黎拱廊

---

① 张典.本雅明的救赎历史观[J].襄樊学院学报,2009(6):25.

② 让·波德里亚.消费社会[M].刘成富,全志钢,译.南京:南京大学出版社,2000:1.

③ 让·波德里亚.消费社会[M].刘成富,全志钢,译.南京:南京大学出版社,2000:2.

街》文本的一把钥匙。

《巴黎拱廊街》作为本雅明的一项写作计划，虽然最终未能全部完成，但其写作意图在已成文的《波德莱尔笔下的第二帝国的巴黎》《论波德莱尔的几个主题》《巴黎，19世纪的都城》中有了充分的表述，那就是展现现代条件下的现代人的精神体验。虽然当时的巴黎社会从严格意义上说，不能冠以“消费社会”和“景观社会”，但作为当时资本主义社会的大都市，已经相当发达，说它已经进入消费社会和景观社会，似乎也并无不妥。这样，生活在巴黎的大众，也就不可避免地被裹挟进了物时间中。

在《巴黎拱廊街》中，物时间对于大众的支配和影响首先表现为迅速发展的机械技术施之于大众的震颤体验。本雅明认为，人的感受方式通常分为经验和体验两种，经验是在传统社会积淀的完整、连贯、可供交流的文化记忆，而体验则是指人们在现代社会不断遭受新鲜刺激，作为一种防御，不得不努力去适应，它是分裂的、片面的、断裂的异化感受。而物时间带给大众的就是这种震颤体验。在19世纪中期，一系列科学技术的更新和发展深刻影响着大众的感受方式和行为方式，比如电话，以抓起听筒就能通话代替了老式的需要摇动曲柄的笨拙动作；照相机只需手指按一下快门，便能将一个画面永久定格，在触觉和视觉上给予人一种追忆性的震颤体验。这种因为技术而迫使人的感觉中枢所作出的反应，类似于马克思所论述的当工人在用机器工作时，不得不训练调整自己的行动，以便与机器自动化的运动相一致。本雅明也论述了工人在机器旁的体验：“工人那被自动化工作程序造就出来的神态也应和了赌博由快速投下骰子或抓起一张牌的动作而来的表情。机器在运转中的突然一击很像赌博中将骰子快速一掷的动作。工人在机器旁的动作与前面的动作是没有关联的，因为后者是前者的不折不扣的重复。机器旁的每一个动作与前一个动作是没有任何关联的，就像赌博里掷骰子的动作与先前的一掷没有任何关联一样，因而雇工劳动的单调足以和赌博的单调相提并论，两者都同样缺乏内容。”[1]机械技

① 本雅明.波德莱尔：发达资本主义时代的抒情诗人[M].王涌，译.南京：译林出版社，2012：137-138.

术导致了大众感受方式的变化。本雅明援引西美尔的话说，只看而不去听的人，要远比只听而不去看的人更容易不安，在陌生的大都市环境中，人际关系鲜明地表现在眼看的活动绝对地超过耳听，导致这一点的主要原因是公共交通工具[①]。正是包括交通工具这样的各种刺激，使大众眼睛高度紧张，猝不及防，以至于最后疲于应付，变得麻木不仁。这便与爱伦·坡的作品中所描写的人群的行走方式具有了吻合性："他们皱着眉头，眼睛飞快地看向四方，在被其他行人碰撞时，他们从不表现出任何不耐烦，而是整理一下衣服，继续匆匆向前。还有另一类为数也不少的人，他们走起路来零乱无序，脸色发红，常常自言自语，还不时做各种手势，好像恰恰由于周围簇拥的人群而做出旁若无人的样子。当他们途中受阻不能前进时，便会突然停止自言自语，而手势却会越来越激动，用莫名其妙、不合时宜的微笑等待着阻碍他们向前走的人走完。如果遭推挤，他们便向推挤的人拼命鞠躬致意，给人一种慌乱得不知所措的印象。"[②]

物时间对于大众的影响还表现在世界博览会和时尚的魔力上。本雅明认为，世界博览会是商品膜拜的圣地，它使商品的使用价值退居后面，而使商品的交换价值倍添光彩。大众在这里可以疯狂消费，也正顺应了博览会取悦劳动者的目的：取悦劳动阶级，并使展销日成为他们的自由庆祝日。这实际意味着，博览会是一个人为制造出来的以消费商品为目的的闲暇时间，而这是一种人的真实存在的异化，他们在商品消费中享受自身异化和他人异化。时尚是另一种促使大众膜拜商品的形式。波德里亚曾说过，时尚是一种周期性的文化消费实践，它通过不断包装、变换商品的式样，使之趋新趋奇，由此激发起大众对商品的消费欲望。在这个过程中，大众的消费自主性被牢牢控制住，惨遭瓦解。应该说，无论是世界博览会，还是时尚，都体现了马克思的商品拜物教特性，也可以说，本雅明是借用马克思的商品拜物教的概念，以世界博览会和时尚作为例证，分析了物时间对于大众的异化。

---

① 本雅明.波德莱尔：发达资本主义时代的抒情诗人[M].王涌，译.南京：译林出版社，2012：33.

② 本雅明.波德莱尔：发达资本主义时代的抒情诗人[M].王涌，译.南京：译林出版社，2012：128.

从《巴黎拱廊街》中可以看出，物时间致使大众的生活陷于异化的境地，似乎无以摆脱。不过，需要特别指出的是，文本还蕴含着另一种时间形式——身体时间，构成了对于物时间的抵抗。

身体时间作为一个概念术语并未在《巴黎拱廊街》中出现，它实际上出自当代美国小说家唐·德里罗的小说《身体艺术家》。这是一部与创伤记忆有关的时间小说，女主人公为了纪念开枪自杀的丈夫，并唤回对于丈夫的记忆，她创作了一段题为“身体时间”的表演艺术作品，试图让观众感受到时间流逝的缓慢。在这个意义上，身体时间成为已逝时间的载体和回忆过去的表现手段，以此来抵抗现在飞速流逝的时间和记忆。应该说，在本雅明的《巴黎拱廊街》中，也蕴含有身体时间，集中体现在休闲逛街者身上。

休闲逛街者是《巴黎拱廊街》文本中一个经典的形象，主要指生活在都市社会边缘的文人、妓女、赌徒、密谋家、拾垃圾者、业余侦探等。但在本书中把其确切定位于遭受资本主义社会物时间冲击的文人。他们虽然落魄了，辉煌不再，但在内心深处依旧对于传统的美好生活方式充满了深深的眷恋。面对着物时间的冲击，他们不是随波逐流，而是依旧保持着个性和自主意识，以一种游荡闲逛的身体姿态在都市的大街小巷行走，试图窥视、发现物时间的秘密，并加以摆脱，这与大众成为物时间的奴隶形成鲜明对比。

文人的游荡闲逛之所以能够摆脱物时间，主要是因为闲逛往往意味着行走的步伐是漫无目的、率意而行的，他们可以自主地随时停下来，去打量隐藏在城市角角落落的秘密，这时的他们俨然深入了城市。不过，他们同时似乎又远离了城市，与城市保持着距离，因为他们的行走步伐与城市的快节奏格格不入，他们不是让自己被动地去迎合城市的物时间，而是喜欢“跟着乌龟的速度散步，如果他们能够随心所欲，社会进步就不得不来适应这种节奏了”[①]。在他们面前，时间似乎缓慢乃至暂停。尽管有时在人群洪流的推搡下，也会暂时打乱他们的节奏，但这也反而给了他们一个张

① 本雅明.巴黎，19 世纪的首都[M].刘北成，译.上海：上海人民出版社，2006：116.

望人群、观察人群的机会，让他们可以更清楚地审视、洞悉大众的生存状态，从而更加坚持自己闲逛的身体姿态。

本雅明还指出，文人休闲逛街的身体行动姿态与城市里的拾垃圾者相似。在这里，对于文人而言，“垃圾”是一种隐喻，是指被现代社会所抛弃、碾碎的传统生活方式，而他们依旧眷恋和固守着，尽管显得那么不合时宜。实际上，以闲逛的身体时间抵御大潮汹涌的物时间，也反映了本雅明的历史观。本雅明反对历史主义者所主张的那种同质、空洞的线性进步历史观，他认为，应该在历史连续体的爆破中，注重“当下”。所谓“当下”，“不是一种过渡，而是时间的停顿和静止”[①]。通过“当下”，可以让瞬间获得短暂的永恒，让破碎之物有一个临时性的哪怕是不完美的缝合，因此，“当下”是唯一能够抓住的东西，目光和脚步这类身体感官，也是唯一能够信赖的东西[②]。

关于这种行走的身体，在当代社会同样具有鲜明的政治意义。相对于当代社会交通工具的迅速发展，行走更多与锻炼、强身健体联系，本来再正常不过的行走，已经逐渐被各种交通工具所取代。但在某些文学作品中，会特意强调行走的政治，把行走置于特定语境中，发挥政治意识形态功能。王刚在其小说作品《关关雎鸠》中，便塑造了一个类似于本雅明笔下的游荡者的形象。这部作品的主人公生活于都市，但对于都市的一切又感到厌烦。他具有浓郁的怀旧气息，对于都市里逝去的一切，满怀美好的向往。为了挽回逝去的一切，他如同唐·吉诃德一样，开始行走于北京城的古城墙、古胡同、古遗迹、老街区，在这些岁月的象征物中，寻找心灵的寄托。在这个时尚而繁华的年代，怀旧似乎成为现代人挥之不去的情绪。怀旧是一种“现代性病”，急速发展的社会造成了现代与传统的断裂，增加了现实和未来生活的不确定性，从而使人们处在一种缺少安全感和身份认同感的焦虑中。为了弥补现实与传统的断裂，人们往往会通过怀念、重塑、营构已逝的美好事物来补偿现时心灵的缺失和伤痕。行走的姿态回顾、体验过

---

① 本雅明.写作与救赎：本雅明文选[M].李茂增，苏仲乐，译.上海：东方出版中心，2009：48.

② 汪民安.游荡与现代性经验[J].求是学刊，2009(4)：25.

去，也成为怀旧的一种形式。

在顾长卫的电影《孔雀》里同样存在着一种利用身体行走表现反抗的行为。这是一种对于小城镇凝滞的日常生活空间的反抗。法国当代著名社会学家米歇尔·德塞图在论及对于制度化空间的抵制策略时，认为日常生活空间可以进行再创造，利用一切可能的资源创造一个属己的空间。而其主要通过两种方式创造，一是运用日常的语言和文化来破坏占统治地位的权力体系，创造新的空间；二是“行走”。在电影《孔雀》里，姐姐的反抗分别采取了这两种策略。当姐姐在楼道上一个人忘情地拉着风琴，对于旁边冒着热气、煮沸的水壶浑然不觉时，这实则在昭示着姐姐是用诗意的音乐语言抵抗平庸的日常生活。此外，当姐姐的伞兵梦想破灭后，她并不是默默忍受，而是以一种疯狂的方式张扬自己的梦想。她把一个自制的降落伞挂在自行车后座，然后在小城镇的大街小巷近似疯狂地穿行。这种举动类似于米歇尔·德塞图德“行走”，此举打碎和搅乱了小城镇空间的呆板和凝滞。

以上通过理论和案例分析了本雅明行走的身体姿态是如何克服时间的，表达对过去的时间感的缅怀。不过，在本雅明笔下，文人并非总是执拗地以一种身体时间对抗物时间，并非总是以一副高高在上的姿态，藐视大众，有时候，文人还具有一种走向人群、走向大众的冲动。本雅明提到，人群中的闲逛者在游逛到很晚的时候，往往会来到一个顾客集中的百货商店，像一个熟客那样转来转去。应该说，百货商店是闲逛者的最后一个场所，他们在百货商店的商品迷宫里漫游穿行，就如同在从前的城市迷宫里穿行一样。而文人之所以不再冷漠地置身于人群之外，却对汇集人群的百货商店发生浓厚的兴趣，除了是因为人群是一些可能受到鄙视者的最新避难所外，更主要还是由于百货商店带给他们最新的麻醉药。正如本雅明所说的：“闲逛者便是被遗弃在人群中的人，在这一点上，他与商品的处境有相同之处，而他自己并没有意识到他的这个特殊处境，但这并没有减少这种处境对他的作用。这种处境如同能补偿很多侮辱的麻醉药，使他整个地沉浸于快乐之中。闲逛者所迷恋的这种陶醉，宛如商品对如潮水般涌入之顾客的陶醉。”[①]

在这里，本雅明指出了闲逛者奔向大众和百货商店的秘密所在，即商品。商品作为物时间的重要表征，具有一种令人难以抵挡的魔力，这种魔力所施展的手段便是移情。这是商品的灵魂，与人群形成互动：商品移情于成群的顾客，使他们如吮吸麻醉品般的陶醉；人群形成市场，使物品变成了商品，又提升了商品对顾客的魅力。在这种移情下，闲逛者便极易如同大众一样被商品所俘虏，而这也意味着闲逛者的身体时间，在抵抗物时间的同时，也表现出了一种被动或主动与物时间同流合污的趋向。

五、《机械复制时代的艺术作品》：受众身体政治的培育

关于本雅明的思想在中国语境中的接受度，朱国华撰文指出，以20世纪90年代初期至中期为界，可分为两个阶段，前一阶段，在中国学人视野里，本雅明的形象是一个令人眼花缭乱、目不暇接的理论魔术师，更是一个充满着貌似潦倒实则不羁的浪漫气息的、介乎酸甜之间的文人。这是一种文人化的解读，也是一种去政治化的解读。一直到20世纪90年代中期之后，人们才注意到本雅明思想中蕴含的政治性[②]。尽管说第二阶段的研究可能存在着政治激情被学术温柔性所软化的危机，但其终归可以让我们深入了解本雅明思想的本真面貌。可以说，在本雅明思想的政治维度中，非常重要的一点是他对于革命主体建构的设想，而这又是通过高扬积极受众论，以培育受众的身体政治性为手段和途径的。

本雅明对于受众身体政治的培育，主要是受到了德国戏剧家布莱希特的影响，他说过：“我对布莱希特作品的认同，是我整个立场中最重要、最具战略意义的关键所在。”[③]阿伦特也说过：“左派中的那些人，尽管总是

① 本雅明.波德莱尔：发达资本主义时代的抒情诗人[M].王涌，译.南京：译林出版社，2012：1.

② 朱国华.别一种理论旅行的故事：本雅明机械复制艺术理论的中国再生产[J].文艺研究，2012(11)：38-43.

③ 汉娜·阿伦特.黑暗时代的人们[M].王凌云，译.南京：江苏教育出版社，2006：157.

谈论辩证法，却没有一个辩证思想家能超过布莱希特，而他的理智力量又不同寻常地贴近现实。……布莱希特曾说过：‘重要的是学会如何朴素的思考。朴素的思考，就是对重大事物的思考。’”本雅明又补充道，‘有很多人认为辨证论者就是细枝末节的热爱者……相反，朴素的思想，应该成为辩证法思想的一部分，因为它们不是别的，而正是指向对理论的实践……一种思想要付诸行动就必须是朴素的[①]。而对于布莱希特来说，他以改革后的史诗剧为艺术武器来实践“天然的思考”，并在戏剧改革中特别突出了观众的地位，以及阐述了在接受过程中观众的身体应该如何参与。

作为德国著名的戏剧家，布莱希特的“天然的思考”实际上汲取了马克思主义哲学思想，并在此基础上形成了自己的戏剧观，认为戏剧成了哲学家的事情，当然是这样一些哲学家，他们不只是解释世界，而且还要改变世界。在此基础上，他认为传统的戏剧已无法适应社会时代的要求和受众的新气质，因此，传统的戏剧观必须改革，并把批判矛头指向能引起共鸣的戏剧。布莱希特认为，能引起共鸣的戏剧为亚里士多德式戏剧，他还认为亚里士多德给悲剧规定的目的，即“净化”最能引起社会注意，所谓“净化”指“观众通过演员模仿引起恐惧和怜悯的情节而被恐惧和怜悯所净化。实现这种净化的基础是观众的一种独特的心理活动，即对由演员扮演的剧中人物产生‘共鸣’”[②]。正是这种戏剧，当被观众欣赏时，会造成共鸣的身体，布莱希特描述如下：“让我们走进这样一座剧院，观察一下它对观众所产生的影响。只要我们向四周一望，就会发现处于一种奇怪状态中的、颇为无动于衷的形象：观众似乎处在一种强烈的紧张状态中，所有的肌肉都绷得紧紧的，虽极度疲惫，亦毫不松弛。他们互相之间几乎毫无交往，像一群睡眠的人相聚在一起，而且是些心神不安地做梦的人，象民间对做噩梦的人说的那样：因为他们仰卧着。当然他们睁着眼睛，他们在瞪着，却并没有看见；他们在听着，却并没有听见。”[③]当观众处于共鸣的身

① 汉娜·阿伦特.黑暗时代的人们[M].王凌云，译.南京：江苏教育出版社，2006：157.

② 布莱希特.布莱希特论戏剧[M].丁扬忠，张黎，景岱灵，等译.北京：中国戏剧出版社，1990：91.

③ 布莱希特.布莱希特论戏剧[M].丁扬忠，张黎，景岱灵，等译.北京：中国戏剧出版社，1990：15.

体状态时，他们实际上是虚幻的，对现实麻痹无知，更遑论解释世界、改变世界，而这显然是与布莱希特的戏剧哲学相悖逆的。因此，他非常反感亚里士多德的戏剧和观众共鸣的身体，力主加以改变。布莱希特认为，以史诗剧为代表的戏剧不应使观众陷于共鸣、移情的身体状态，而应该使观众放松，毫不紧张地去跟随戏剧情节的发展，并且，观众不应该对剧中的主人公产生认同，而是“应该学着对主人公活动于其间的情境产生震惊”[①]。由此使得观众能够对于主人公的行为及剧情进行理性的批评。而要做到使观众处于放松的身体状态，并随时可以做出批评反应，应该采取“陌生化”手段。“陌生化”手段的技巧有许多种，例如，可以通过歌曲、字幕、演员身体姿态，实现情节的间离，从而破坏观众的幻觉；改变其移情趋向。其中，演员的身体动作是尤为重要的间离法。布莱希特认为，演员在进行表演时，应通过身体动作表明他是理智而放松的，不对剧中的角色产生情感认同，而能够跳到剧情之外，观察自己的身体表演。这样，当演员都不移情于剧中角色时，观众也才有可能不移情于剧中主人公及剧情，从而可以进行批评，产生政治意识。

通过以上分析可见，布莱希特认为戏剧只有使观众从移情的身体转变为放松的身体，才能激发起观众的政治意识，但这是否意味着戏剧改革的目的已经实现了呢？对于此，另一位戏剧家波瓦提出了否定意见。波瓦与布莱希特持有相同的戏剧哲学观，即戏剧必须具有政治性，以唤起观众的革命意识，激发起其革命行动。但也具有不同之处，在波瓦看来，布莱希特虽然使观众摆脱了移情、共鸣状态，具有一定的革命意识，但这样的观众还是静止的观众，需要进一步改变，使观众成为身体行动的观众。波瓦举例分析，面对失业问题，布莱希特会让观众思考为何失业、如何应对等。但是这些思考始终存在于意识中，而不是行动，更不会在剧场外的社会现实中付诸实践。而按照波瓦的要求，开始时，观众可以讨论，但到了最后，观众必须利用身体行动表演剧情：“选择站出来介入演出的参与者必须延续取代者的肢体动作，不可以一味站在台上滔滔不绝地讲话：必须像原本扮

① 本雅明.写作与救赎：本雅明文选[M].李茂增，苏仲乐，译.上海：东方出版中心，2009：109.

演该角色的演员一般，把剧情和动作表演出来，剧场演出必须如常地在舞台上继续进行。每个人都可以提出任何的解决办法，但是必须在舞台上完成它，在台上工作、表演、处理事情，而不是舒服地在观众席上讲。”[①]这样，剧场便成为观众进行革命的预演的舞台，并有可能引起现实社会中的革命行动。

应该说，在这个过程中，观众从共鸣、移情的身体转变为放松的身体，这是激发起观众政治意识的关键，这也深刻启发了本雅明对于受众政治身体建构路径的思考。只不过，本雅明是以机械复制技术的典型代表电影为工具，来培育受众的身体政治，这是因为相对于传统艺术，电影革新了受众的身体感知方式。

当面对绘画等传统艺术时，观众处于静观冥想的状态，任思绪飞扬、精神驰骋，在移情于绘画的同时，也丧失了批判的距离和立场。但在观看电影时，观众则处于消遣的身体状态。因为电影运用了蒙太奇手法，画面转换非常快，使观众永远来不及定睛去看，也阻断了观众的任何联想，带给观众的只是接连不断的身体震惊：电影通过技术手段，将肉体的震惊效果从精神的粗糙矿石内解脱而出[②]。显然，这说明了震惊是不可能在静观冥想中完成的，而只与消遣相适应，并且由此可以使观众产生政治意识和批判态度：“如果电影将艺术的崇拜仪礼价值弃置于远景处，并不只因电影使每个观众都变成了专家，也是因为专家的态度已不再是劳神去关注。漆黑放映室里的观众是检验者，不过，这位检验者是在消遣。”[③]这样，当观众面对电影时，便可以融批评与享乐为一体，而不必像面对传统艺术那样，只能在精神上欣赏，而无法在身体上享受。而电影的观众之所以能够不分批评与享乐，本雅明认为，“关键在于看电影时，个人的反应较之别种场合

① 张生泉，丁盛.社会转型背景下的表演艺术教育：二十世纪西方表演理论教学读本[M].上海：上海教育出版社，2017：295.

② 本雅明.迎向灵光消逝的年代：本雅明论艺术[M].许绮玲，林志明，译.桂林：广西师范大学出版社，2004：94.

③ 本雅明.迎向灵光消逝的年代：本雅明论艺术[M].许绮玲，林志明，译.桂林：广西师范大学出版社，2004：97.

更易先决地受制于观众集体。观众在作出反应的同时也受到彼此的牵制”[①]。

当本雅明确认了消遣放松的身体状态有利于培养大众的革命意识后，如何使观众在观看电影过程中，持续保持这种身体状态便至关重要。而这对于电影而言，是毋庸担心的，因为电影本身就具有这种技能。例如，本雅明借鉴布莱希特史诗剧中的间离技巧，分析了电影拍摄过程中演员的身体表演是如何经过复杂的机制，而利于观众批判意识的产生的。这可以从电影演员与所扮演角色、与观众两方面来分析。与传统戏剧中演员本人亲自在观众面前展现演技不同，在电影中，演员的表演要以一整套的机械作为中介:“随着影片的拍制，在摄影师的指导下，摄影机面对着表演来设定位置。一连串接续选定的位置构成了材质内容，随后剪接师再进行影片最后的剪辑工作。其中包括了一些动态元素，也就是摄影机要掌握的，还有其他如特写等的特殊效果。”[②]由此，演员表演的整体成就会遭到破坏，无以为继。而且，在导演的要求下，电影演员还不能像舞台演员那样，可以根据观众的反应随时调整演出。这样，因为摄影机的存在，观众对演员的认同就是对摄影机镜头的认同，他们可以对演员随时作出不受干扰的评判，而不会出现崇拜态度。再以演员与所扮演角色的关系来说，电影演员在镜头前，会产生从舞台上被放逐、从其自身被放逐疏离的感觉，“他们的身体几乎已被剥夺消除了他们的真实性”[③]。这样一来，电影演员虽然以活生生的身体在表演，却因为缺乏舞台表演的独一无二性和此时此地性，而灵韵不再，同时，所扮演的角色也灵韵不再，原因就在于摄影机取代了观众的位置，电影演员几乎成为道具。这样的安排，使电影演员很难融入其角色中。而演员的身体表演与角色的分离，是有助于观众批判意识产生的，布

① 本雅明.迎向灵光消逝的年代:本雅明论艺术[M].许绮玲，林志明，译.桂林:广西师范大学出版社，2004:84.

② 本雅明.迎向灵光消逝的年代:本雅明论艺术[M].许绮玲，林志明，译.桂林:广西师范大学出版社，2004:72.

③ 本雅明.迎向灵光消逝的年代:本雅明论艺术[M].许绮玲，林志明，译.桂林:广西师范大学出版社，2004:73.

莱希特已经给出分析。

此外，本雅明还从电影中发现了超现实主义特征，而这也可以培育受众的身体政治。本雅明认为，电影在以特有的技术手段呈现周围世界时，"在视觉与听觉双方面帮助我们扩大了对世间事物的注意范围，因而加深了我们的统觉能力"①。电影可以多角度、多层面地精确呈现事物，利用特写功能，将事物放大，探索隐藏在日常生活事物中的不平凡的细节。因此，与摄影机对话的世界，并不同于眼中所见的世界，而是打开了一个无意识的经验世界："电影就是以它的种种装备与技术可能，潜进投入、涌出爬上、分割孤立、扩展最宽、加速、放大和缩小，深入了这个领域。"②这种无意识的经验世界与超现实主义特征是相似的：注重从日常事物的细节中发掘深邃、无意识的形象，从而将接受者处于潜意识状态中的革命力量激活。例如，超现实主义者布勒东从已经过时的东西中，如第一批钢铁建筑、最早的工厂厂房、最早的照片、五年前的服装、落伍的酒店里，看到了革命的力量；他还把在火车旅途中的凄惨见闻，被上帝遗忘的礼拜日在大城市的无产阶级居住区的观睹，以及穿过新公寓雨意朦胧的窗户向外一瞥，都转变成革命的体验，甚至革命的行动③。对于电影而言，其展现的形象，也会让观众产生叛逆性的、革命性的震惊体验，形成一种积极的身体政治性，因为形象的领域，"具体而言，是身体的领域"④，形象就是身体的物质实践的转变形式。应该说，在《机械复制时代的艺术作品》这一文本中，本雅明实际上试图把电影技术与政治结合起来，正如他所说："集体的东西也是一个身体。技术上用以组织它的物质只能通过其全部的政治和事实现实产生于那个形象领域，我们从这里开始获得世俗启迪。身体和形象在技术上互相渗透，使全部革命的张力变成集体的身体神经网，整个集体的身

---

① 本雅明.迎向灵光消逝的年代：本雅明论艺术[M].许绮玲，林志明，译.桂林：广西师范大学出版社，2004：86.

② 本雅明.迎向灵光消逝的年代：本雅明论艺术[M].许绮玲，林志明，译.桂林：广西师范大学出版社，2004：89.

③ 瓦尔特·本雅明.本雅明文选[M].陈永国，马海良，译.北京：中国社会科学出版社，1999：193.

④ 瓦尔特·本雅明.本雅明文选[M].陈永国，马海良，译.北京：中国社会科学出版社，1999：201.

体神经网变成革命的放电器，只有这时，现实才能超越到《共产党宣言》所要求的那种程度。”[①]

六、作为一种手工劳动的身体话语

在当前这个后工业社会，曾经一度遭受机器文明倾轧的手工文化，正逐步复兴，并有愈演愈烈之势。于是，学界围绕威廉·莫里斯、柳宗悦、海德格尔、齐美尔等人的手工理论资源进行了充分梳理与研究。但令人遗憾的是，作为一位在中国文艺理论界享有盛名的瓦尔特·本雅明的手工理论，却始终未能走进研究者的视野，这不能不说是一种损失。实际上，在本雅明的很多著作中，都蕴含有对于手工文化的阐释和理解。例如，本雅明曾这样解释“灵韵”：“如果我们把灵晕指定为非意愿回忆之中自然地围绕起感知对象的联想的话，那么它在一个实用对象里的类似的东西便是留下富于实践的手的痕迹的经验。”[②]这句话无疑说明了手工劳动是灵韵的某种彰显形式，是独一无二的、即时即地的、不可复制的。因此，现在亟须对本雅明的手工理论加以梳理与研究，这对于当前手工文化的复兴具有重要启发意义。

（一）讲故事是一门手工艺

讲故事是否属于一门手工艺？按照通常意义上的理解，手工艺是指依靠手工劳动创作具有个性化、情感化、艺术化的，兼具审美性与实用性的工艺品的一门技艺。而讲故事则是一种口头艺术和声音艺术，以传达“口口相传的经验”为旨归。乍看上去，两者似乎无甚关联。但本雅明在《讲故事的人——尼古拉·列斯科夫作品随感》一文中，通过详尽的论述给出了明确而肯定的回答：讲故事就是一门手工艺。

① 瓦尔特·本雅明．本雅明文选[M]．陈永国，马海良，译．北京：中国社会科学出版社，1999：201．

② 阿伦特．启迪：本雅明文选[M]．张旭东，王斑，译．北京：生活·读书·新知三联书店，2014：204-205．

这并非信口雌黄，无论是从理论还是实践角度看，讲故事作为一门手工艺，是具有悠久文化传统的。在中西方各民族的口述传统中，自蒙昧时代起，便有讲故事的人存在，如古希腊的荷马便是一位著名的故事歌手。为了把故事讲好，固然需要多种多样娴熟的口头技艺，但同时也需要借助身体动作作为辅助技艺。在这方面，中国传统曲艺中的评书艺人是典型代表。他们作为表演者，“既要讲述故事，又要模拟故事人物，还要恰当地发表评论”[①]。而模拟故事人物，就是以自己的身体动作模拟故事中人物的身体、性格、动作与经验，“身体即人物”，这也成为评书艺人的毕生追求。因此，如果从这个层面去理解，讲故事的确是一门手工艺。本雅明也毫不讳言：手“在讲故事的技艺中所占据的位置，更是尚未开垦的处女地”，“就其最感性的意义而言，讲故事也绝不仅仅是一项只与声音有关的工作。相反，在地道的讲故事的技艺中，在劳作中练就的千姿百态的手势帮助着表情达意”[②]。

不过在本雅明看来，讲故事作为一门手工艺，显然不仅仅是因为其伴随的身体动作，更主要是因为其背后所蕴含的广泛而深刻的文化内涵。本雅明是从以下三个角度论证的：

一是在乡村劳作、海上劳作、城镇劳作的氛围中长盛不衰地讲故事，“作为一种交流形式，本身也是手工的”[③]。本雅明认为，讲故事本身是一种交流，但这种交流不同于信息或新闻报道，意在“传达纯粹的‘事情本身’或者思维的精髓”[④]，而是注重把所要讲的故事融入讲故事的人的生活中，赋予故事以自己鲜活而丰富的经验。由此，故事与讲故事的人之间不再陌生，而是融为一体，这使讲故事与手工艺具有了本质上的一致性，因为它与“陶工的手纹会留在陶器”一样，体现了手工艺的本质形态。人之手，对于世界而言，既是终点也是起点。恩格斯曾指出，直立行走是从猿

① 王杰文．评书、评话表演中演员的身体[J]．青海社会科学，2012(4)：184.

② 本雅明．写作与救赎：本雅明文选[M]．李茂增，苏仲乐，译．上海：东方出版中心，2009：103.

③ 本雅明．写作与救赎：本雅明文选[M]．李茂增，苏仲乐，译．上海：东方出版中心，2009：87.

④ 本雅明．写作与救赎：本雅明文选[M]．李茂增，苏仲乐，译．上海：东方出版中心，2009：87.

到人的转变过程中具有决定意义的一步。这是因为直立行走解放了人的双手，人可以更加方便地从事生产生活活动。对于手工艺而言，手的动作和使用更是占据主导地位，充分体现了手的生存本体性质。在手工艺品的生产和创作过程中，手触的指纹、敲击的斑痕或刻划的流迹，带着轻松愉快的心情留在作品上。因此，每一件手工艺品不仅因为带有创作者浓浓的体温感，体现出独一无二性，更可以让创作者从其作品中寻找到印证自己真情实感的手指纹，体会到归属性，这是成为审美感的重要来源。

二是列斯科夫也视讲故事为一门手工艺，他曾在一封信中写道：写作，“对我来说不是自由艺术（liberal art），而是手艺”①。因此，他对具有特殊手工技艺的能工巧匠格外亲切，并在作品里大量描写。他在《铁跳蚤》里赞美了图拉的银匠们，在《绿宝石》里描写了宝石雕刻匠，在《巧妙的理发师》里描写了农奴艺术家。与之相反，他对于工业生产和制造，却持一种批判与反对态度。托尔斯泰曾称列斯科夫为“指出经济发展之弊端的第一人”，“是个讲真话的作家”。这说明列斯科夫已经清醒地认识到，自19世纪英国工业革命发生后，在欧洲各国掀起的机器化批量生产和制造，虽然提高了产品数量和效益，但却是以牺牲产品的设计质量和审美趣味为代价的。正如理查德·雷德格雷夫所言：“当装饰全由机器驾驭时，风格和做工无疑一塌糊涂；只有那些纯手工或半手工生产装饰的造物和布料中才能发现出色的工艺和品位。”②因此，列斯科夫才会对能工巧匠及手工产品大加赞美，尤其是在《铁跳蚤》中通过赞美俄罗斯的手工艺人及铁跳蚤手工艺品，表达了俄罗斯的民族文化自信与国家认同，完全不必在英国人的机器生产和制造面前自惭形秽。而这也成为列斯科夫坚持把讲故事当成手工艺，以对抗现代意义上的新闻的原因。

三是因为讲故事的人诞生于手工氛围。什么是手工氛围？保罗·瓦雷里如此描述：自然的完美之物——无瑕的珍珠，浓烈醇厚的美酒，以及发育完全的生物，是一条由无数彼此相似的原因组成的长链的珍贵产物，除

① 本雅明.写作与救赎：本雅明文选[M].李茂增，苏仲乐，译.上海：东方出版中心，2009:88.

② 福蒂.欲求之物[M].苟娴煦，译.南京：译林出版社，2014:59.

非已经臻于完美，否则这些原因的累积没有时限。自然的这一不急不慢的过程，人们曾经模仿过，精细到尽善尽美程度的微型画和牙雕、精工细刻的宝石、透明的清漆层层叠加的漆器或绘画作品①，都是需要经年累月、虔敬劳作的产品。这实际上道出了手工氛围是一种时间过程和价值，即运用时间消磨一切瑕疵，继而完美地呈现器物之用于美。这个时间过程一方面是程式化的，依靠世代相传的手工法式、规矩、技艺，另一方面是创新性的，将日日生、日日新的基于生命天赋的新鲜气息、及时的情绪、活跃的激情和质朴的感受灌注在作品中。由此培育出手工艺的累累硕果。而现在呢，本雅明感叹道："所有这些需要经年累月、虔敬劳作的产品正在消失，时间不足惜时代已经过去。"②

而讲故事同样体现为一种时间过程，因为讲故事的灵感源自"口口相传的经验"。讲故事的人需要借助记忆才能记住别处听来的或自己所经历的故事，"记忆造就传统的链条，事件因此得以代代相传"③，这显然就是一个长年累月的手工劳动过程，与手工氛围无异。难怪本雅明说："守家在地的师傅和云游四方的工匠在同一个作坊里工作；而每一个师傅在安居乡里或到某地之前，也都曾经云游四方。如果说农人和水手是旧时讲故事的大师，那么工匠阶级便是他们的大学。"④因此，从手工氛围讲，讲故事也是手工劳动。

本雅明从三个层面肯定了讲故事是一门手工艺，不过也痛惜手工艺正在日趋衰微乃至消失。这是因为讲故事所赖以存在的经验已经贬值和被彻底摧毁："战略经验被战术性的战斗摧毁，经济经验被通货膨胀摧毁，身体经验被饥饿摧毁，道德经验被当权者摧毁。"⑤罪魁祸首是多方面的，例如，作为发达资本主义时代新的交流形式——新闻的出现，导致信息泛滥。信息的基本要求是立即证实，所以往往借助于前因后果的解释，达到自圆

① 本雅明.写作与救赎:本雅明文选[M].李茂增,苏仲乐,译.上海:东方出版中心,2009:88.
② 本雅明.写作与救赎:本雅明文选[M].李茂增,苏仲乐,译.上海:东方出版中心,2009:88.
③ 本雅明.写作与救赎:本雅明文选[M].李茂增,苏仲乐,译.上海:东方出版中心,2009:93.
④ 本雅明.写作与救赎:本雅明文选[M].李茂增,苏仲乐,译.上海:东方出版中心,2009:81.
⑤ 本雅明.写作与救赎:本雅明文选[M].李茂增,苏仲乐,译.上海:东方出版中心,2009:32.

其说的目的。这与讲故事的精神是背道而驰的，因为讲故事的秘诀在于讲述时，要避免解释一切，都留待读者自己去理解。

此外，讲故事是一种手工时间过程，但现代短篇小说的产生，“不再允许薄薄的、透明的页片不疾不徐地层层叠加。而正是这种层层叠加最为准确地描绘出了完美的叙事是如何通过形形色色的重述被揭示出来的”[1]。诸如此类，都是讲故事作为一门手工艺衰落的原因。

（二）儿童玩具是手工劳动制品

本雅明喜欢收藏和把玩儿童玩具，已经达到疯狂痴迷的地步。他不仅写过好几篇与儿童玩具有关的文章，如《往昔的玩具》《玩具文化史》《玩具与游戏》《俄国的玩具》等，而且在很多文章中记述了个人参观玩具博物馆或购买、欣赏儿童玩具的经历。本雅明曾经在莫斯科停留过两个月，并把这期间的所见所闻写成了《莫斯科日记》。就在这本书中，据统计，有多达八处的文字提到儿童玩具，现摘录几则：

“也有卖玩具的，一篮子小车和小铲，小车黄的红的都有，孩子玩的小铲也黄的红的都有。还有肩上扛着一捆风车四处走的商贩。这些手工制品远比德国的朴拙，其农家风味儿更明显。”（1926年12月13日）

“早上在古斯塔尼博物馆。再一次看到非常精美的玩具；玩具博物馆馆长也在这里组织了展览。也许最精美的要算纸制的人物了。这些小人或是有个基座；或是有个手摇风琴，琴把可以转动；要不就有个斜面，一按就发出声响。”（1926年12月23日）

“后来我还买了些玩具。在阿克霍特尼广场上有一个商贩卖木制玩具。似乎有些商品是成批地在固定的地点卖的。比如，我第一次看上面烫有花纹的儿童玩具斧子；第二天会看到一篮子这样的斧子。我买了一个很笨拙的木制缝纫机模型，它的针是一个转动的把儿来起动的；

① 本雅明．写作与救赎：本雅明文选［M］．李茂增，苏仲乐，译．上海：东方出版中心，2009：88.

还买了一只纸制的音乐盒，上面有跳舞的玩偶，是我在博物馆所见玩具的不太高明的仿制品。”（1927年1月14日）

本雅明对玩具情有独钟，但并非对所有玩具一视同仁，他更喜欢手工的玩具，尤其是俄罗斯的手工玩具。本雅明认为，如果从产业角度来看，德国的玩具在世界上是排名第一的，德国制作的很多玩具，如“羊与牧童”“诺亚方舟”“农舍”“玩偶王国”“动物王国”等，都是世界闻名的，而俄罗斯的玩具却鲜有人知。原因是俄罗斯的玩具极少有工业生产的，大部分是手工制作的。俄罗斯的玩具不仅丰富且富于变化，这是因为俄罗斯的人口多、民族多，每个民族都具有自己独特而原始的玩具制作工艺。此外，俄罗斯物产丰富，能够用来制作玩具的材料也比较多，木材、黏土、骨头、布、纸、化学纸张等，或单一使用，或搭配使用。高超的民间技艺加上丰富的材料，制作出来的都是玩具精品：白色、柔软的杨树材料做成的朴素的玩偶与实物逼真的木雕母牛、猪、羊等动物模型。还有涂上清晰彩色油漆的小木箱里还放了画了驾驭马车的农民、围着火炉上茶壶的村人、正在割草的女子或正在锯树的伐木人等各种各样的画片。收藏玩具最多的是莫斯科玩具博物馆，所以，本雅明在莫斯科逗留期间，是绝对不会放过到博物馆里欣赏俄罗斯玩具的。

本雅明喜欢手工玩具的一个重要原因是，相对于工业制造和机器生产的玩具，手工制作的玩具更契合儿童的思维、心理与天性。儿童思维类似于原始思维，具有明显的混沌性和直观性。儿童对于事物的认识不依赖抽象逻辑思维，在儿童眼里，事物的主客体是不分化的，而是混沌一体。所以，儿童是无法把握事物之间的逻辑联系的，他们喜欢把完全不相关的事物联系在一起。正是因为儿童具有这种混沌状态的原始思维，他们才会觉得诞生于手工作坊里的原始手工玩具更亲切，更容易理解。与那些通过复杂工艺制成的玩具相比，孩子们更能理解那些用最原始的方法制成的玩具，因为依靠现代机器生产的玩具，注重的是效率和构件化生产。这是一种对于客体的分解化生产，然后再拼凑为整体，这是不符合儿童思维特点的，已经超出了儿童的理解范围："与分别把人与狗搭配起来构图的方式制作的玩具相比，把人与狗作为一个整体构思、制作的'原始'玩具，对孩子们更有吸引力。玩具是怎样制造出来的？这个过程本来也应该在孩子们能够理解的范围里。但是，孩子们想要知道的正是整体的东西的制作。了解了这一整体，孩子们与玩具的联系，就开始变成一种活生生的关系。"[①]

此外，因为儿童的思维是直观的，所以对于直观的玩具更容易理解和更感兴趣。例如，孩子们喜欢出没于某种东西的生产现场，喜欢摆弄建筑、园艺、家务、裁剪或木匠活产生的肥料。因为从这些废弃的垃圾中，孩子感受到的是整个的物质世界。本雅明还列举了马尔勃兰顿堡一所学校的屋顶储藏室发现的一幅画，这幅画是专门针对听障学生进行直观教育的画，"有让人体验苦难的感染力，让人看到这个世上想象不到的情景。即使身体没有障碍的正常人，受到艺术感染，也会两三小时之内变得聋哑一般"[②]。

但令本雅明忧心忡忡的是，传统手工制作的儿童玩具还能否继续保持下去，在未来的命运何去何从，令人担忧。因为自启蒙运动以来，玩具逐渐由手工制作转向机器制造与生产，在莫斯科等城市里对手工玩具的需求也已经减退。虽然成人认识到这一点，极力想恢复玩具的原始传统，让玩具重回儿童世界，符合儿童的天性与心理，但这只是一种伪装的单纯："随着工业化，玩具从家庭的控制中解放出来，是一个渐变的过程。玩具不仅对于孩子，甚至对他们的父母也慢慢地开始变得浮华和虚伪。"[③]例如，成人自认为孩子们喜欢写生玩偶，便形成一个写生玩偶流行的时代。

这些带来一个严重问题，那便是属于儿童的玩具越来越远离儿童世界。这主要表现在两方面：一是从19世纪下半叶开始，玩具越做越大，而那些精细、小巧玲珑的手工玩具开始退出玩具行列。小巧玲珑的玩具，可以使

① 本雅明.本雅明论教育：儿童·青春·教育[M].徐维东，译.长春：吉林出版集团有限责任公司，2011：105.

② 本雅明.本雅明论教育：儿童·青春·教育[M].徐维东，译.长春：吉林出版集团有限责任公司，2011：65.

③ 本雅明.本雅明论教育：儿童·青春·教育[M].徐维东，译.长春：吉林出版集团有限责任公司，2011：71.

儿童产生一种希望与父母依偎在一起互动游戏的感觉，比较亲切；而大玩具需要放在专属儿童的大房间，这就容易使儿童产生一种把母亲驱使到遥远的地方的感觉，原先玩具所具有的亲切感荡然无存。二是虽然成人极力想恢复玩具的手工传统，让玩具重回儿童世界，但事与愿违。这是由于成人不尊重儿童的天性与心理所致。孩子们具有自己纯真的游戏世界，他们往往按照自己的游戏情形，“将完全不同的材料置入到一种往往使人愕然的全新组合里。由此，孩子们就创建出了他们自己的物世界，一个大世界中的小世界。如果人们想专门为孩子创造出这样一个物时间，而不想用自己指向物质功利的工具性活动去度量他们，那就必须看到这个小世界的范式”①。例如，孩子们非常喜欢把石头、黏土、木头、纸张等性质不同的特定材料，随意组合，就可以制作成全新的玩具，完全不需要特定的加工。这就是孩子们的纯真。可是大人们完全不理会孩子们的这个纯真世界，“在孩子们的记忆、知觉的世界里，所到之处都编织进了成人的足迹”②，因此，制作玩具依靠的是成人的思维，一切都根据成人的流行和喜好进行加工。所以说，“大人给孩子们的桦树皮做的玩偶、麦秸做的玩偶、玻璃的摇篮、锡制的帆船都不过是在孩子们感性的边缘溜达，而主要是根据成人自己的流行来制作的”。恰恰相反的是，“对成人来说越是无意义的东西，越是真正的玩具”③。

但令本雅明稍微心安的是，在论述俄罗斯的玩具时，他坚信：手工玩具“仍然活生生地扎根在北方的故乡。结束了一天农作的农家，在宁静的夜晚，依旧捏粘土、涂上明亮的釉彩，然后在窑里烧制这些成为陶器玩具”④。

---

① 瓦尔特·本雅明.单行道[M].王才勇，译.南京：江苏人民出版社，2006：21.

② 本雅明.本雅明论教育：儿童·青春·教育[M].徐维东，译.长春：吉林出版集团有限责任公司，2011：76.

③ 本雅明.本雅明论教育：儿童·青春·教育[M].徐维东，译.长春：吉林出版集团有限责任公司，2011：72，73.

④ 本雅明.本雅明论教育：儿童·青春·教育[M].徐维东，译.长春：吉林出版集团有限责任公司，2011：108.

（三）建筑及装饰陈设是一种手工艺

在《讲故事的人》中，本雅明阐述了死亡体验与空间场所的关系。在过去，死亡是个人生命中充满仪式感的公共过程，在人即将死亡时，“临终者的床榻变成了国王的宝座，房屋门户敞开，人们纷纷拥入，趋前拜谒”。这个过程的发生空间往往是临终者朝夕相处、无比熟悉和充满感情的生活居室。因此，对于临终者而言，在生前居住的房屋中走向另一个世界，可以使原本恐惧的死亡体验和过程，增加几许温情和自尊。这样的死亡是可感知的，是鲜活生动的。过去几乎所有的死亡都是在自己居住的房屋中发生，所以说过去“几乎没有哪座房子，甚至没有哪个房间是不曾死过人的”。而现在一切都发生了变化。由于科技的发展，资产阶级社会开始建设越来越多的医疗和养老机构，目的似乎只有一个：想方设法让人看不到死亡。生前居住在“从未被死亡——无情的永恒居住者——触摸过的房间里”，大限临近，则被子孙们送进养老院或医院，最终，在这些地方生命画上终止符。可以想象得出，死在完全陌生的环境或冰冷的手术台上，与死在熟悉而充满感情的居所里，完全是两种不同的体验。其实，本雅明在此也暗含了一个核心问题，那就是传统的建筑及装饰与现代建筑，会给人带来两种迥然不同的生活体验。而这一切，与建筑材料及装饰品是否为手工制作与生产密切相关。

传统建筑及各式各样的装饰品所用材料多为砖、木、石、瓦，而且多是就地取材和手工制作。在这种居室环境中，会让人产生强烈的场所感。“场所是许多因素在动态过程中形成的产物：居民、充满意义的建筑物、感知的参与和共同的空间。”[①]居室环境会呈现出特殊的意味，不仅熟悉，容易识别，还能带给人愉悦的个性化体验，使人的记忆充满情感，使人们对居室产生强烈的依恋感和认同感。由此可以想象出，生活在这种环境中，居民与建筑及装饰是相互依存、融为一体的，居室中处处会留下主人生活居住的痕迹。如果你走进这样的房间，你会产生一种严重遭受排斥的感觉：

① 阿诺德·伯林特.环境美学[M].张敏，周雨，译.长沙：湖南科学技术出版社，2006：135.

这不是你待的地方。正如本雅明以19世纪80年代的一个中产阶级房间为例，“的确，你不可能待在这样的房间里，因为房间里无处不留下主人的痕迹——幕帘上缀着的饰物、扶手椅上的罩布、窗户上的透明画、壁炉前的隔热板”①。

在这种居室环境中，如果试图去除种种生活痕迹是很难的，但在现代居室环境中，生活痕迹正逐渐消退。这是因为，随着技术的巨大进步，以机器生产与制造的建筑材料，开始逐步取代传统的建筑材料和手工制品。例如，1851年，伦敦为举办世界上第一届博览会而修建的展厅——水晶宫，便采用了钢铁结构和玻璃屋面。这是世界上第一座真正现代意义上的建筑。德国奇幻主义作家舍尔巴特非常重视为作品中的人物安排居所，但它不是传统居所，而是可调适、可移动的玻璃建筑。玻璃不仅坚硬、光滑，任何物品都无法附着其上，冷静、严肃，是秘密的死敌，使任何秘密都没有藏身之地。在这样的钢铁玻璃房间中，人们与居室物品的关系很难再产生亲密感，也不用再去适应居室环境。一切都开始变得简单，人们在房间里很难留下痕迹。而这一切都是由机器制造取代手工制作导致的。

除生活居室被钢铁玻璃所覆盖外，其他诸如拱廊街、展览大厅、火车站等也都是工业文明的产物。巴黎最先出现的拱廊街，便是“豪华工业的新发明，它们用玻璃做顶”。拱廊街出现的第二个条件是，钢铁在建筑中的运用。当无论是公共建筑还是私人的居室，都被钢铁玻璃覆盖时，个人的私密生活是严重缺失的。在这种境况下，人们对于以往的建筑及手工制品是无比怀念的，并开始复古行动，以弥补现代社会中私密生活的不足。本雅明认为，自从路易·菲力普以来，人们可以从当时市民生活中看到一种力图弥补私生活在大城市中地盘之不足的努力，这种努力主要发生在他们居室的四壁之内，并体现在对个人生活的重视上。那么，如何通过居室的四壁保留个人痕迹，弥补私人生活地盘的不足呢？其实，本雅明是主张把传统居室内的所有手工制品都加以恢复并保护起来。这样就可以把使用物

① 瓦尔特·本雅明.写作与救赎：本雅明文选[M].李茂增，苏仲乐，译.上海：东方出版中心，2009：35-36.

品时留下的生活痕迹保存下来。“他们孜孜不倦地将一系列日常用品登记下来，将一些诸如拖鞋、怀表、温度计、蛋杯、刀叉、雨伞之类的东西都罩起来。他们尤其喜欢那些能把所有接触痕迹都保存下来的天鹅绒和长毛罩子。”[①]在第二帝国末期，为了对抗由技术装备起来的居室环境，还流行一种马卡尔特时尚，即用变干了的植物和花束摆在房间里进行装饰。它将居室变成了一个箱子，人居于其中，并将他的“一切所属物镶嵌其中，以忠实地映照他的生命踪迹，就像大自然忠实地用岩石遗迹去映现一只死兽的痕迹一样”[②]。这些做法并不是为了物品的使用价值，而是更看重其中蕴含的感情价值，试图通过对手工劳动和制品的收藏和保存，挽回被席卷在现代社会潮流中的个体性。饶有意味的是，由于人们格外重视居室之内留下的主人痕迹，并设计出大量在上面留下日常使用痕迹的手工制品，如盖罩、铺垫、盒子和箱子，考察这类痕迹的侦探小说便应运而生。

固然，本雅明对于通过手工劳动建成的传统建筑是深深怀恋的，但在本雅明的思想深处又显露出矛盾的一面。那就是，现代意义上的钢铁玻璃、透明式建筑，又往往寄寓着本雅明实现政治理想的希望。例如，现代建筑被玻璃覆盖，里外都是透明清澈的，这样，资产阶级隐喻其中的意识形态因素便无处遁身，毕露无遗。甚至可以说，是对资产阶级住所和意识形态藩篱的打翻和解放。本雅明曾描述过当时资产阶级魔窟般的生活环境：“十九世纪六十年代到九十年代市民的室内布景往往在四周墙上安置了刻满浮雕的巨大装饰板，不见阳光的角落里还摆放着盆栽的棕榈树，凸出的阳台严阵以待地装上了防护围栏，长长的走廊里响彻着煤气火焰的歌声。这样的室内布景简直只适于尸首居住。……只有在尸首面前，奢华而死气沉沉的室内装饰才令人感到舒适。”[③]可以看得出，在这样的居室里，手工制品装饰只能让人感到造作和死气沉沉，令人窒息。本雅明在现代建筑和以手工劳动唱主角的传统建筑上，所表现出来的这种悖论性，也正是其思想的

① 本雅明.波德莱尔：发达资本主义时代的抒情诗人[M].王涌，译.南京：译林出版社，2012：43.

② 本雅明.波德莱尔：发达资本主义时代的抒情诗人[M].王涌，译.南京：译林出版社，2012：43.

③ 瓦尔特·本雅明.单行道[M].王才勇，译.南京：江苏人民出版社，2006：10.

复杂性和超前性的表现。

（四）手工劳动的审美向度

本雅明的手工理论，不仅具有丰富的文化内涵，而且蕴含着浓郁的审美思想，如现象学美学、身体政治美学、生态美学、工匠美学等，充分挖掘其中包含的审美价值内涵，对中国当代美学建构，对当前如何弘扬工匠精神、生态创作与设计等都具有启发作用。

一是手工劳动中蕴含的现象学思想。现象学主张“回到事物本身去”，主张把极端的主观主义和极端的客观主义在关于世界和合理性的概念中结合起来。它希望能够消除和弥合传统哲学中精神与物质、心灵与身体、主观与客观等之间存在的分裂和矛盾，具体体现为手工劳动。在中国传统哲学中，认为手与心、技与道之间是辩证一体的。手工艺人只有经过长期的揣摩、体悟和手工劳动，才能熟能生巧，做到心、手、器的统一，也才能道进乎技。在《庄子・外篇・达生》中便有这样的记载：“工倕旋而盖规矩，指与物化而不以心稽，故其灵台一而不桎。忘足，履之适也；忘要，带之适也；知忘是非，心之适也；不内变，不外从，事会之适也；始乎适而未尝不适者，忘适之适也。”意思是说，手指可以画画，并且与用规矩作画非常符合，而且，这种手指作画并不借助于思考，依靠的是长期的锤炼，已经能做到心手合一。道进乎技依靠的也并不是逻辑思考和分析，而是道，是对于事物自然规律的熟练参悟和娴熟掌握。《庄子・养生主》中“庖丁解牛”的故事讲述了庖丁之所以具有高超的宰牛技术，是因为他对于牛的肌肉骨骼等自然规律已经熟练掌握，已经在思想上掌握，并且经过反复实践，已经可以得心应手。所以，宰牛时才能够目无全牛，游刃有余。

本雅明在《讲故事的人》中论述了能工巧匠贵在知晓造物世界的深处奥秘。他引用瓦莱里的话，论及了一位专攻丝绣人像的女艺术家时说道：“艺术观察庶几可以达至神话的深度。被观察之物失去了它们的名字。光与影交织成诸多独特的体系，提出众多各不相同的问题，这些问题既不依赖于知识，也不出自于实践，其存在和价值完全是源自某人——此人天生便可以洞察这些问题，并在其内在生活中将它们呈现出来——心灵、眼睛和手的和谐。”[①]这段论述将手、眼睛和手合为一体，认为它们相互依存，形成一种实践。这种实践与庄子的庖丁解牛思想是一致的，体现出了鲜明的现象学美学思想。

二是手工劳动中蕴含的工匠精神。在当前，人们主要是从工匠制度、工匠文化、工匠生存等层面去理解工匠精神。其实，时间性是工匠精神的核心所在和根本性质。“在行为感受层面，工匠精神通过钟表时间的手作叙述而感受到对时间的专注，并体验到生活的时间价值；在生命体验层面，工匠精神就是通过手作叙述而体验到思想时间或社会时间的生命价值。”[②]而工匠精神在当前遭遇的危机主要是工匠文化所依赖的传统时间遭遇现代时间的冲击所导致。现代时间往往是机器文化唱主角，手作文化被机器文化所取代，并且，通过传统时间的磨炼凝聚在手工劳动中的价值，也被现代时间所消解。所以，当前人们对于传统的工匠时间和工匠文化充满怀旧。这种怀旧，在本雅明的手工劳动中体现得尤为明显。本雅明本身就是把手工劳动当成是一种传统时间而思考的，但本雅明的这一思想仍有一定局限，他并未能够提出有效化解工匠精神所遭遇的时间危机的路径。实际上，怀旧并不能解决问题，它只是起到一种警醒和批判作用。因此，要解决工匠精神危机，“不是指向简单地回归到传统工匠及其时间节点上，抑或说工匠精神的复兴不是指在全国培育大批工匠或营造大量工匠时间，而是复兴工匠精神的关键在于复兴传统工匠精神的时间性资源。只有把工匠精神的时间性资源优势转变为文化发展优势，才能有利于培育时代新精神和时代新工匠（即新人）的鲜活文化”[③]。

三是手工劳动蕴含有身体政治美学思想。本雅明重视手工劳动，对手

---

① 瓦尔特·本雅明.写作与救赎：本雅明文选[M].李茂增，苏仲乐，译.上海：东方出版中心，2009：103.

② 潘天波.时间性向度的工匠精神：重建困境与可能回答[J].西北师大学报(社会科学版)，2017(1)：58.

③ 潘天波.时间性向度的工匠精神：重建困境与可能回答[J].西北师大学报(社会科学版)，2017(1)：62.

工充满深深的怀恋，实则源于他的身体政治美学。在本雅明看来，现代启蒙理性和工具理性代表着一种线性时间，带来的是灾难和废墟。而要抵抗这种线性时间，必须采取一种回溯的姿态。这种姿态既是精神的，更是身体的。按照阿多诺的说法，对启蒙理性和同一性的批判是对客体的优先性的探索，这种客体要素表现为物质，即身体经验，因为“肉体要素作为认识的非纯粹认知的部分是不可还原的”[①]，身体要素会让人们认识到“痛苦不应存在，应该有所不同”[②]。这实际上是说，个体的身体要素具有不被同一性认识完全统摄、抽象的特质，从而能够作为一种异质经验去抵御启蒙理性的暴政。而本雅明实质上就是以这种异质的身体经验，去抵抗现代工具理性的异化。例如，《德国悲剧的起源》通过阐释悲悼剧中变形、受难的身体，形成一种废墟美学，可以从废墟世界中寻找到希望和意义。《巴黎拱廊街》以闲逛者的行动身体时间去抵御大潮汹涌的物时间。由此看来，本雅明笔下的身体实际就是传统时间的代表，而手工劳动无论从工匠的日常时间还是精神时间而言，都代表着传统时间。而现在，手工劳动所依赖的传统时间，遭遇到现代时间的冲击，手作文化被机器文化所取代，并且，只有通过传统时间的磨练，凝聚在手工劳动中的价值，也被现代时间所消解。更重要的是，主体在现代机器生产时间中，身心严重异化，成为不完整的人。而手工劳动，则可以通过“手与脑的协调运动、手与工具的亲密结合，使人的包括理性和感性的丰富的性灵，人的交融着社会文化因素的历史经验和现实体验，有可能完整而全面地、自然而流畅地抵达人工形式的表层和深层，从而使之成为人的本质力量的一个确证”[③]，使人的精神和感性和谐，成为“完整的人”。马克思对手工劳动的这种性质已经有所肯定：“正因为如此，中世纪的手工业者对于本行专业劳动和熟练技巧还是有兴趣的，这种兴趣可以升华为某种有限的艺术感。”[④]而这可以说，就是本

① 特奥多·阿多尔诺.否定的辩证法[M].张峰，译.重庆：重庆出版社，1993：191.

② 特奥多·阿多尔诺.否定的辩证法[M].张峰，译.重庆：重庆出版社，1993：201.

③ 吕品田.动手有功：文化哲学视野中的手工劳动[M].重庆：重庆大学出版社，2014：179.

④ 马克思恩格斯选集：第1卷[M].北京：人民出版社，2012：187.

雅明重视手工劳动的重要缘由。

四是手工劳动蕴含有生态记忆思想。生态记忆作为一个概念，源于生态环境史，是指过去发生的生态事件在群落或生态系统中遗留的痕迹，对群落的发展和生态系统恢复具有重要作用。其实，在人的精神和情感领域，也存在生态记忆：当生态环境日益恶化，严重危及人类的生存时，在人的内心深处，往往会萌生出一种回望的情感，即在已逝的某些记忆中，重温人与自然的生态和谐，以此对抗现代工业社会，抚慰内心的生态裂痕，寻觅诗意的栖居。而在本雅明看来，传统的手工劳动本身便蕴含着丰富的生态和谐精神。例如，本雅明认为，精美的手工作品都需要虔敬劳作，经历过不急不慢的自然过程，才能尽善尽美。这一不急不慢的自然过程，实际上道出了，手工劳动一方面要遵循并主动去探索手工材料创作的内部规律，探索本身需要一个过程；另一方面，手工劳动要合乎手工艺人的身体劳作节奏，即“劳动行为的次第节奏、动作运力总是顺应天时、随和人情，与天、地、人保持动态的和谐”[①]。只有手工劳动者和劳动对象都保持一种合乎生态自然规律的过程，才能成就器物之美。此外，本雅明认为，现代人虽然努力制造儿童玩具，但这些玩具并未能得到儿童青睐。原因在于，原始玩具注重的是整体设计和制作，而现代玩具制作，运用的是模块化方法：先分别生产玩具构件，再进行组装。这是注重现代工具理性的方法，与儿童自然的、整体的思维并不契合。所以，现代玩具才会被儿童抛弃。本雅明还认为，以手工制品装饰起来的室内居所，能给人带来场所感。而场所感注重人与环境之间的和谐共存，本身就具有生态美学的价值。由此来看，本雅明通过对于手工劳动中蕴含的生态美学价值的挖掘，实际上是他试图通过生态记忆，来对抗和弥补现代性危机带来的人与人之间、人与环境之间的裂痕和矛盾。

手工劳动的生态性，还集中体现在本雅明的灵韵理论中。面对机械复制时代艺术作品的滥觞和传统本真艺术的衰落，本雅明提出灵韵（灵光）概念：“静歇在夏日正午，沿着地平线那方山的弧线，或顺着投影在观者身

① 吕品田.动手有功：文化哲学视野中的手工劳动[M].重庆：重庆大学出版社，2014：114.

上的一截树枝直到‘此时此刻’成为显像的一部分——这就是在呼吸那远山、那树枝的灵光。”[①]本雅明在这里是通过人与自然互动体验的关系，论述了传统艺术的本真性和膜拜性。本雅明在《论波德莱尔的几个主题》一文中提出：灵韵的经验建立在人间社会通常的反应方式向无生命物或自然与人关系的转换上。被看者或是觉得自己在被看就激发出了一种眼神，去感知某一现象的光晕就意味着赋予它激发眼神的能力。戴维·罗伯特也认为对光晕的体验也就是对一种模仿或互动关系的体验。这实际上说明了人对于自然灵韵的体验，是一种主体间性的生态关系。对此，沃林更是明确指出：要感知一个客体的灵氛，就意味着赋予它人性化的、有生命的、通常属于人与人之间的关系的显著特征。要给无生命的客体赋予超越其简单存在性质的发射信号的能力和属性，意味着必须怀着手足之情而不是用操控的方式去感受它们。而灵韵本质上也是传统艺术——手工劳动的体现，手工劳动是灵韵的某种彰显形式，是独一无二的、即时即地的、不可复制的。如此来看，手工劳动也体现了人与自然生态和谐的主体间性关系。

但是这个体现了人与自然和谐关系的手工劳动时代已经终结，本雅明引用列斯科夫小说《变石》中的一句话予以说明：“大地母腹中的宝石和九霄之外的星辰都关系到人的命运——不像今天，天上地下的万物众生都对人子的命运漠不关心，万籁俱寂，再也听不到任何与人交谈之声……大量的新宝石被开采出来，并被测了大小，称了重量，验了密度，但它们不再向我们昭示任何东西，也不给我们带来任何裨益。”总而言之，人类自信可以与自然和谐相处的时代已经结束了，原因是现代手工劳动个人性让位于集体性，艺术性让位于技术性，最终遵循的生产理念则是市场化的商业逻辑。也正因此，本雅明对于手工劳动才相当重视，希望通过手工劳动救赎遗失的生态话语。

① 本雅明.迎向灵光消逝的年代：本雅明论艺术[M].许绮玲，林志明，译.桂林：广西师范大学出版社，2004：32-35.

七、女性闲逛者与女性主义

女性主义的目的是恢复女性的独立地位和女性属己的身体和精神，在本雅明的文本中，虽然多次提到女性身体，但女性主义的独立性并不鲜明，甚至在某种程度上是缺席的。

关于女性问题，本雅明的多种论述集中在闲逛者身体性别的存在与缺席上。观点主要分成两派：一派认为闲逛者主要是男性视角和男性角色，女性闲逛者角色是缺席的，甚至女性身体处于被窥视、被打量的视觉目光下。例如，珍妮特·伍尔芙从城市文化性别特征分立角度，断定活跃在都市街头的多是男性角色，高贵的典雅的女人一般不会在街头活动。理由是，在当时的时尚之都——巴黎，男人活动场所与女人活动场所是有严格区分的。男人可以活跃在公共空间，例如城市街道、公共建筑等，女人的活动限制在私有空间，如室内等。在这一点上，与中国传统女性的活动空间也是类似的。在中国建筑的室内空间分布中，女性空间往往也是隐蔽的、难以被外人打扰和窥视的，这是出于保护女性隐私的需要。在巴黎城市的公共空间中，也并非没有女性，但这个女性是需要界定的。准确说，除去高贵的女性外，生活在底层、不被人尊敬的女性，如女性劳动者、妓女等是可以在公共空间活动的，而且她们在闲逛的同时，随时可能被男人以色欲眼光偷窥。

因此，女性在城市空间是隐蔽的，缺席的。波德莱尔的十四行诗《给一位交臂而过的妇女》，便表达了女性在城市生活中的隐蔽存在：

> 大街在我的周围震耳欲聋地喧嚷。
> 走过一位穿重孝、显出严峻的哀愁、
> 瘦长苗条的妇女，用一只美丽的手
> 摇摇地撩起她那饰着花边的裙裳；
> …………

这首诗歌乍看似乎描写了一位活动在城市公共空间中的女性，而且给旁观者带来情感的体验，但实际上，这位女子并非闲逛者，而是一位因为父母去世戴孝，活动在城市里的女子，但很快便消失了。这不符合伦理规范，这种女子是不适合活动在城市生活空间中的。

还有一派观点认为，在巴黎的都市闲逛者中，是有大量女性存在的。这方面的代表人物有伊丽莎白·威尔森（Elizabeth Wilson）和帕森（Deborah Parson）。他们认为，在城市生活中，女性闲逛者并没缺席，她们同样体验着城市生活。尤其是19世纪晚期，城市的工业化、现代化带来了社会经济的繁荣与财富的增长，中上层妇女可以享受更多的闲暇，加上当时的百货公司、茶馆、地铁小卖部、女士餐厅、女服务员供职的公共便利设施等的发展，使得中下层妇女体验公共场所成为可能。这些公共场所为一些妇女成为“女性闲逛者”提供了机会。更甚的是，伍尔芙坚持认为在现实生活中，女性闲逛者是存在的。她特地用阴性词汇“Flâneuse”指称“女性闲逛者”，并对本雅明笔下缺乏探索的女性和被探索的女性表现出不满①。

本雅明文本中的确写了女性闲逛者，但主要是妓女形象，是通过出售色情和身体而存在的。妓女生活依靠出卖肉体，因此，她们必须在街头晃荡，随时招徕顾客。这时，妓女与摆在商店货铺出售的商品并无不同，都是商品，是街头流动的商品，是商品的隐喻。从而，也说明了本雅明笔下女性闲逛者的实质所在。这种女性闲逛者并没有女性的独立性，是真正附庸于市场的。所以说，在闲逛者这点上，本雅明的女性主义是缺席的。

此外，本雅明笔下的女性身体是与男性同体的，简言之，是服务于男性的权力规则的。本雅明提到了现代主义英雄，女英雄是其中重要一员。本雅明认为波德莱尔的诗句刻画了现代女英雄，她来源于古希腊。在波德莱尔的《恶之花》中，有一首诗是献给女性的，在诗中，他为女英雄起了希腊名字：德尔菲娜和伊波利特。不过这个女性不是单纯的女性，而是性别错位了，是女同性恋。本雅明认为之所以特意描写女同性恋，是因为女

① 段祥贵.从缺席到在场：本雅明笔下的女性闲逛者[J].东方丛刊，2010(2)：171—177.

同性恋者是现代主义的英雄。应该说，在文学艺术中发现女同性恋，并非波德莱尔的首功。巴尔扎克、戈蒂叶、德拉图什都曾在文学作品中提到过。

本雅明在文本中对于女同性恋的倾注，甚至当成英雄，并非完全是自己臆测，而是有着深刻的现实根据。如果说在19世纪之前，女性的活动范围还只在家庭室内，19世纪后，随着资本主义的大发展，女性也大量走进工厂，参加与男性一样的劳动。在此过程中她们身上也就渐渐显露出男人的特征。在这种女性的男性化里蕴藏着政治权力，即是说，资本主义工厂塑造了女性的身体，但在反抗压抑中，女性身体转化为政治身体，成为一种抵抗的革命力量。

伊格尔顿曾指出，无产阶级革命的失败史孕育了西方马克思主义者这样一个忧郁的群体，“经典的忧郁”贯穿于从葛兰西到阿多诺的西方马克思主义中。本雅明也是其中一位忧郁者，为各地被遗弃的知识分子提供了一幅令人安慰的熟悉图景。但在忧郁之外，人们也在本雅明身上发现了积极的革命政治性，只不过人们更习惯于从他对于电影等机械复制技术所持的积极支持态度中寻找证据，而实际上，通过深入挖掘本雅明著作中的身体话语，也许可以得出结论，他的政治性和积极性是表现在许多方面的，只不过在不同阶段表现得强弱不同而已。

第三节　马尔库塞：作为身体政治话语的新感性的培育

马克思主义在发展过程中，逐渐与其他理论话语相融合，产生了多个分支，如结构主义的马克思主义、存在主义的马克思主义、生态主义的马克思主义、弗洛伊德主义的马克思主义等。其中，在弗洛伊德主义与马克思主义的融合中，蕴含着一种身体政治倾向。

威尔海姆·赖希是较早把弗洛伊德主义与马克思主义结合在一起的西方马克思主义学者之一，他以马克思主义思想的后继者自居，坚持在社会历史发展中审视、革新马克思主义。他对于当时所谓的庸俗马克思主义极力反对，因为其坚持意识形态由经济基础决定，却看不到意识形态对于经济基础的反作用，并且把心理学排除在马克思主义的理论范围之外。赖希认为，这会导致两个问题：（1）物质的东西转化为意识的东西是如何发生的，在这个过程中，人的头脑发生了什么情况；（2）意识是如何反作用于经济的[①]。

而要解决这些问题，赖希认为，必须依靠非理性的精神学。在他看来，意识形态在反映社会的经济过程的同时，还把这种经济过程植根于人的心理结构中，这样一来，当"意识形态改变了人的心理结构，它也就成了人身上的一种物质力量，从而对经济过程发生反作用"[②]。赖希进而认为，由这种理论引发的运动是性经济，它是弗洛伊德的深层心理学与马克思的经济理论的结合，研究的是个人调节自身生物能量的方式。在此基础上，赖希运用性经济理论解释种种社会现象，例如，他认为法西斯主义利用性经济来宣扬纳粹主义，巩固自己的统治。法西斯主义把正常自然的性活动冠之以"颓废、淫荡、纵欲"之名而加以反对，由此造成民众的性压抑。当民众的性生理无法得到正常的满足，便会产生病态的性焦虑，寻求替代性满足，于是便产生疯狂的、野蛮的攻击性性格。赖希还认为，如果说诸如法西斯主义这样的政治反动势力的文化政治核心是性问题，同样，对于政治反动势力的反抗，即革命的文化政治的核心也应当是性问题。除了赖希的身体政治外，马尔库塞是另一位较为注重从弗洛伊德主义中挖掘身体政治的西方马克思主义学者。

一、新感性：作为一种身体政治话语

马尔库塞作为法兰克福学派的代表人物之一，与阿多诺、本雅明一样，对资本主义社会的工具理性进行了揭示和批判。他认为，当代资本主义社会是一个技术理性至上的社会，技术控制和操纵着人们的物质生活和精神

---

① 威尔海姆·赖希.法西斯主义群众心理学[M].张峰，译.重庆：重庆出版社，1997：13.

② 威尔海姆·赖希.法西斯主义群众心理学[M].张峰，译.重庆：重庆出版社，1997：5.

生活，人们无法以自治的状态决定自己的真实需要，相反，在外力的强加下，真实的需要被虚假的需要所代替。在这个社会，人们的批判性思维、否定性思维荡然无存，完全被肯定性文化、肯定性思维所封闭和取代，社会变成一个“批判的停顿：没有反对派的社会”[①]，个人也被赤裸裸的物质欲望所奴役，成为单向度的人。

对于单向度社会人的异化，马尔库塞在探索异化本质的同时，也在积极寻求摆脱异化的途径。在理论资源的借鉴上，他倚重的是马克思和弗洛伊德。在《历史唯物主义的基础》中，马尔库塞超越了早年所接受的海德格尔思想无法探索统治人的具体社会结构的局限，以马克思的《1844年经济学哲学手稿》为本，认为社会中被异化的人的解放，归根到底是人的本质的解放。但在他的理解中，此“本质”并非是马克思主义所认为的本质——各种社会关系的总和，而是“爱欲”。说到底，马尔库塞认为，要实现人的解放，必须实现爱欲的解放。

在弗洛伊德看来，人的心理结构可分为两部分：意识和无意识。意识被现实原则支配，无意识则被快乐原则支配，遵循快乐原则行事。在这两者中，无意识作为一种本我范畴，体现了人的本质。无意识可分为生命本能和死亡本能，其中，生命本能占据统治地位，是人的本质所在，而生命本能又表现为饥、渴、睡、性等生理活动，其中，性欲又占据统治地位，这样便可以说，性欲才是人的最终本质。马尔库塞对弗洛伊德的这一观点进行了纠正，他主张用弗洛伊德理论中的爱欲代替性欲，认为爱欲是性欲的量的扩张和质的提高。在量上，“爱欲的范围从生殖器官扩展到人体的每个部位与整个生命体，进入了非生殖性的活动领域；爱欲的对象从异性延伸到所有能引起人快乐的外物；爱欲的活动也从单纯的两性行为扩展到人的所有活动，扩大到对人的一切情爱的关系领域”；在质上，“将仅限于生殖器上的性欲转化为人格上的爱欲，由肉体转向精神，自性感转入

① 赫伯特·马尔库塞.单向度的人[M].刘继，译.上海：上海译文出版社，2008：1.

美感”[①]。

当爱欲成为人的本质，那么，在资本主义社会，人所遭受的压抑和异化也便成为爱欲的异化。意识控制无意识，现实原则控制快乐原则，多余的压抑（为维护统治秩序对本能存在的压抑）取代基本的压抑（因基本生活资料匮乏而造成的压抑）。因此，在马尔库塞看来，要实现人的本质的解放，必须实现人的爱欲的解放，因为“人只有在他的满足中，特别是在他的爱欲满足中，才成为一种高级存在物，才有了较高的存在价值”[②]。马尔库塞认为，当无法采取一种总体政治革命改革社会时，要实现人的本质自由和爱欲解放，应该实施一种基于人的本能的革命，即建构一种新感性。新感性是一个政治因素，“表现着生命本能对攻击性和罪恶的超升，它将在社会的范围内，孕育出充满生命的需求，以消除不公正和苦难；它将构织‘生活标准’向更高水平的进化”[③]。新感性政治的表现是身体和历史的结合：“揭示出反抗的深度，揭示出与压迫的连续体断裂的深度，它们确证了社会在调整经验整体与有机物及其环境之间的新陈代谢整体的力量。”[④]人的感官遭遇特定文明阶段和特定社会对象的作用，并且是受两者的相互作用，也影响和改变了最初的感觉，使感官麻木、屈服。所以，马尔库塞认为，“要与攻击性和剥削的连续体决裂，也就同时要与被这个世界定向的感性决裂”，而构建新感性，“就是想用一种新的方式去看、去听、去感受事物；就是要把解放与惯常的和机械的感受的消亡联系在一起”[⑤]。

二、从审美和语言路径培育新感性

在培育新感性的途径上，马尔库塞认为，在现存条件下，审美和艺术

① 刘同舫，韩淑梅．人的本质解放：马尔库塞的艺术与审美之解放美学[J]．华南师范大学学报(社会科学版)，2011(1)：72.

② 俞吾金，陈学明．国外马克思主义哲学流派[M]．上海：复旦大学出版社，1990：266.

③ 赫伯特·马尔库塞．审美之维[M]．李小兵，译．桂林：广西师范大学出版社，2001：98.

④ 赫伯特·马尔库塞．审美之维[M]．李小兵，译．桂林：广西师范大学出版社，2001：108-109.

⑤ 赫伯特·马尔库塞．审美之维[M]．李小兵，译．桂林：广西师范大学出版社，2001：109.

是不错的选择。因为“审美”从词源上来说就是一种身体感性。在审美之维中，这种身体感性可以帮助人们摆脱资本主义社会的压抑性满足，通过艺术想象构织一个超越现实的美好的审美世界，从而实现人类有机体的身心统一和自由，解放人的被压抑的爱欲本质。

除此之外，新感性的革命和反抗还具体表现在语言的革命上：“构想和引导这种重建工作的新感性和新意识，需要一种崭新的语言来改定和传导新的价值（语言在这里是广义的，它包括语词、意象、姿态、音色）。”这是因为，“一切革命在何种程度上出现性质上不同的社会条件和关系，可以用它是否创造出一种不同的语言来标识，就是说，与控制人的锁链决裂，必须同时与控制人的语汇决裂”[①]。马尔库塞在这里实际上指出了语言的专制功能。应该说，语言的诞生，虽然使人得以从混沌的世界中抽身而出，对世界作出明确的区分，从而能够更深刻地认识世界，使人类得以解放，但语言同时也给人带来束缚和控制。比如，语言习惯、语言规则是人们交流顺利进行的必要前提，但语言习惯、语言规则不仅统治着人与人的交流，而且制约着人的思维和感觉，意识形态对于人的控制也往往会通过语言进行。

马尔库塞认为发达工业社会的语言和话语交流趋于封闭和全面管理，认为该领域的语言“是同一性和一致性的证明，是有步骤地鼓励肯定性思考和行动的证明，是步调一致地攻击超越性批判观念的证明”[②]。在发达工业的社会生活中，操纵性语言以引人注目的方式对人们施以同一性控制，主要通过两种途径来实现：一是意识减少语言形式和表征反思、抽象、发展、矛盾的符号；二是用形象取代概念[③]。

对于这种控制性的、单调性的语言，马尔库塞认为应予以破除，这就需要一种新型语言。马尔库塞在嬉皮士式的亚文化中发现了这种具有抵抗潜质的语言。在亚文化中，黑人的语言是抵抗的重镇：“言谈中的一个更具

---

① 赫伯特·马尔库塞.审美之维[M].李小兵,译.桂林:广西师范大学出版社,2001:106.

② 赫伯特·马尔库塞.单向度的人[M].刘继,译.上海:上海译文出版社,2008:69.

③ 赫伯特·马尔库塞.单向度的人[M].刘继,译.上海:上海译文出版社,2008:83.

倾覆性的天地，是以黑人战斗的语言来宣告自己的存在的。在黑人语言中，出现了一场全面的语言学反抗，它冲破语词被运用和被界定的意识形态的语境，进而把这些语词放入另一个对立的语境中，也就是说，放入对现存语境的否定中。”[①]这表现了对现存体制语言和文化的反抗。

在这里，马尔库塞语言的反抗功能，与巴赫金的广场语言的革命功能有一定的契合。这里，广场语言实际上就是对官方语言的一种挑战和反抗，马尔库塞的语言革命功能在这里找到了理论上的共鸣。

应该说，尽管针对马尔库塞的这种培育新感性的审美和艺术途径，人们往往视其为乌托邦式的美学，是浪漫的、不切实际的。如其过分夸大审美的功能，忽视了社会现实的实践和变革，丝毫未触及资本主义社会制度等。在某种程度上而言，这些批评都是有道理的，但是，有一点不容忽视，那就是马尔库塞不论是在剖析人的本质的异化，还是探求爱欲的解放途径时，都注意到和突出了身体在其中的作用，比如，在语言形式的革新上，便是如此。

另外，马尔库塞强调过的“猥亵”语言的反抗的政治潜能，也存在丧失反抗效力的危机。这一点他后来也有所认识。这是因为“这种语言一旦为照料‘猥亵’的现存的东西说话时，它就不再是那种革命的语言了，也就是说，它就不再超越自身了；而且，标准化了的猥亵语言，是压抑的反升华，或者说，是攻击性的简易（虽然是替代性的）满足；这种语言很容易被用来转而反对‘性’本身”[②]。

---

① 赫伯特·马尔库塞.审美之维[M].李小兵，译.桂林：广西师范大学出版社，2001：107-108.

② 赫伯特·马尔库塞.审美之维[M].李小兵，译.桂林：广西师范大学出版社，2001：140.

第三章　伊格尔顿的身体话语：从审美意识形态到文化政治

特里·伊格尔顿（Terry Eagleton）是英国当代著名的西方马克思主义文学批评家和文化理论家，他青年时期深受西方马克思主义学者雷蒙·威廉斯的影响，后来又陆续接受阿尔都塞的马克思主义和法兰克福学派的学说。伊格尔顿著述甚丰富，有《审美意识形态》《甜蜜的暴力：悲剧的观念》《沃尔特·本雅明》《文化的观念》《理论之后》《后现代主义的幻象》等著作。在伊格尔顿的美学和文化理论中，十分注重对身体话语的阐释和强调，他以马克思主义的身体话语为起点和线索，勾连起了自己的批评理论。

第一节　身体话语与审美意识形态

在西方马克思主义理论中，很多概念术语是与统治、驯服相关的，如审美、意识形态、情感结构、文化领导权等，都涉及了个体与阶级、国家统治的关系，并且，往往以个体认同、服从阶级、国家的统治为目的。但在这种驯服关系中，个体是否具有反抗的自律自觉性，是一个值得认真探讨的问题。在这个方面，伊格尔顿的审美意识形态理论，通过美学这个范畴把身体与个体、阶级、国家的统治和反抗关系联系起来。他在把美学视为统治阶级控制、驯服个体的意识形态工具外，还看到了美学对于个体而言，意味着一种颠覆和反抗的可能性。

一、审美作为一种身体话语

伊格尔顿认为，诞生于18世纪的美学话语，实质上是一种身体话语。这是因为，“美学是作为有关肉体的话语而诞生的”[①]。按照德国哲学家亚历山大·鲍姆加登最初的阐释，美首先指称的并非是艺术，而是指“与更加崇高的概念思想领域相比照的人类的全部知觉和感觉领域”[②]，具体而言，就是我们全部的感性生活：“爱慕和厌恶，外部世界如何刺激肉体的感官表层，令人过目不忘、刻骨铭心的现象，源于人类最平常的生物性活动对世界影响的各种情况。”[③]对于这种感性生活的“自身恰当的话语和表现自身内在的、尽管还是低级的逻辑”的再认识就是美学。

但是，自鲍姆加登为美学命名，视其为一种身体话语后，在相当长的一段时间里，其唯物主义并没有得到充分的发展。例如，“康德从审美表达中驱逐了所有感性的东西，只留下了纯粹的形式”，“席勒把美学分解为某种富于创造性的不确定性，通过与物质领域的不一致，美学被有目的地转变了”，“黑格尔对于身体是爱挑剔的，仅仅任何身体上那些看起来对于理念开放的感觉”，“在叔本华那里，美学因遭到物质性历史的彻底拒绝而窒息”[④]。针对这种情况，可采取的富有成效的策略是回到身体，通过一种发生于身体本身的革命，拯救美学中所包含的唯物主义，从而使美学从使它窒息的唯心主义的负担中挣脱出来。而现代时期便有三位伟大的美学家担负起了这一工程和使命，只是路径不同而已：“马克思通过劳动的身体，尼

① 伊格尔顿.审美意识形态[M].2版.王杰，傅德根，麦永雄，译.桂林：广西师范大学出版社，2001：1.

② 伊格尔顿.审美意识形态[M].2版.王杰，傅德根，麦永雄，译.桂林：广西师范大学出版社，2001：1.

③ 伊格尔顿.审美意识形态[M].2版.王杰，傅德根，麦永雄，译.桂林：广西师范大学出版社，2001：1.

④ 伊格尔顿.审美意识形态[M].2版.王杰，傅德根，麦永雄，译.桂林：广西师范大学出版社，2001：191.

采通过作为权力的身体，弗洛伊德通过欲望的身体来从事这项工程。”[1]而其中，马克思的劳动身体是伊格尔顿探讨的重点。伊格尔顿认为，感性生活在马克思主义理论中是重要的前提和基础，但在资本主义私有制条件下，感性生活在两个相反的维度上两极分化，“每一个都是对真正感性身体的荒诞的模仿”[2]。一个维度是，在资本主义私有制条件下，工人身体的丰富性被降低到了原始的抽象的简单需要，降低到维持生理存在所需要的最低限度，这构成了资本主义社会冷酷无情的审美主义。另一个维度是，在资本家剥夺工人感觉的同时，自己的感觉也被剥夺了：“你越少吃，少喝，少买书，少上剧院、舞会和餐馆，越少想，少爱，少谈理论，少唱，少画，少击剑，等等，你就越能积攒，你的既不会被虫蛀也不会被贼盗的宝藏——你的资本，也就会越大。”[3]尽管资本家的感性被异化，但是他们却可以用资本的力量弥补被异化的感性：“凡是你自己不能办到的，你的金钱都能帮你办到：它能吃，能喝，能赴舞会，能去剧场，它能拥有艺术、学识、历史珍品和政治权力，能旅行，它能为你占有这一切……”[4]这时，便出现了资本主义社会另一个维度的审美主义，即幻觉性审美主义。在这里，资本是一种幻觉性身体，是一个充满幻想的领域。虽然资本家本人的感性生命麻木不仁，但资本却生命活跃、自我膨胀，这使资本家被掠夺了的感性在另一个维度上被夸大和延续。在此基础上，伊格尔顿把感性的两个维度的异化总结为：“在资本主义制度下，人的身体被从中间分裂开来，创伤性地分割为畜生般的物质主义以及变化莫测的理想主义，要么太缺乏理想，要

---

① 伊格尔顿．审美意识形态[M].2版．王杰，傅德根，麦永雄，译．桂林：广西师范大学出版社，2001：192.

② 伊格尔顿．审美意识形态[M].2版．王杰，傅德根，麦永雄，译．桂林：广西师范大学出版社，2001：194.

③ 伊格尔顿．审美意识形态[M].2版．王杰，傅德根，麦永雄，译．桂林：广西师范大学出版社，2001：195.

④ 伊格尔顿．审美意识形态[M].2版．王杰，傅德根，麦永雄，译．桂林：广西师范大学出版社，2001：195.

么太异想天开，要么与骨骼分离，要么膨胀为堕落的情欲。”①

针对这种身体的异化，伊格尔顿认为，马克思主义的目标就是恢复身体被剥夺的力量，因为人类对于感觉力量的运用，本身就是绝对的目的，不需要功利性的论证，并且，也只有恢复身体丰富的感性，才能达到一种审美生活。而要确保身体感性的生机勃勃，必须在主体与客体之间建立一种新型关系，由此克服并超越资产阶级美学所持的主客两分的观点。马克思便坚持了这种区分，并有所超越，他确认了社会实践、社会发展对于人的感性力量解放的作用，比如，对于“工业的历史”，既可以从历史的观点解读为是生产力的积累，也可以从现象学的角度解读为：人类身体作为物质化的文本是“一本关于人的本质力量的打开的书”②。马克思在《1844年经济学哲学手稿》中，已经把身体性的主体重新定义为“工业化历史的一个进化的维度”③，身体的感性力量的丰富发展本质上是令人愉快的美学话语，社会实践也是愉快的审美实践。这样，马克思便解构了实践与审美的对立，因为在他看来，实践所包含的具体性的审美反应，不仅仅是资本主义制度下身体的异化（“当身体的生产力是理性化和商品化的时候，它的符号学冲动和里比多冲动或者抽象化为粗野的欲望，或者吸吮为丰富的欲望”④)，更是实践对于人的身体感性本质力量实现的作用。甚至说，异化也是实践范畴的规定内容，是实现人的本质潜能的动力和必经阶段：“为了实现这些需要以及潜能，身体不断地与自身相异化，向共享的现实世界开放，在社会中，身体的需要和欲望不得不负荷起相邻的其他需要和欲望。在这种方式中，我们被从创造性身体直接引导到公正和伦理等明显抽象的事物上去——在资产阶级社会中，结果是成功地减弱了身体与它的具体利

① 伊格尔顿.审美意识形态[M].2版.王杰，傅德根，麦永雄，译.桂林：广西师范大学出版社，2001：196.

② 伊格尔顿.审美意识形态[M].2版.王杰，傅德根，麦永雄，译.桂林：广西师范大学出版社，2001：198

③ 伊格尔顿.审美意识形态[M].2版.王杰，傅德根，麦永雄，译.桂林：广西师范大学出版社，2001：198.

④ 伊格尔顿.审美意识形态[M].2版.王杰，傅德根，麦永雄，译.桂林：广西师范大学出版社，2001：202.

益之间的龃龉。”[①]这样，作为身体话语的审美便具有了意识形态性和抵抗性。

二、审美意识形态的辩证法

在伊格尔顿看来，美学介入阶级统治和政治秩序的维护，具有特定的社会现实背景，它是18世纪德国的专制主义统治出现内在的意识形态困境的预兆。18世纪的德国被封建专制主义邦国割据，四分五裂，又由于缺乏统一的文化，各封邑诸侯相互排斥，纷纷精心设计官僚体制，对于臣民实行专横苛刻的残酷剥削政策。而这时的资产阶级，在政治和经济上都缺乏权力根基，没有丝毫发言权。不过，职业阶层和知识阶层却顺利而稳定地发展，并且发挥着自私自利的贵族所无法发挥的文化精神、文化领导作用，这对于资产阶级启蒙运动的发展和阶级统治无疑具有深刻的启示。那就是统治阶级在实行理性的专制主义统治之外，还必须考虑感性生活的理性化，必须对属于一个社会的肉体的感性生活所包含的一切最有形的领域进行探索和理解。如果忽略这些，只会显得理性无能，因为它除自身概念之外，便一无所知。正因如此，伊格尔顿才会发问“难道权力就不需要某种剖析权力从属的感情的能力”[②]的疑问，进而肯定地认为，理性统治需要某种科学或具体的逻辑直接深入个体的身体内部，描绘、统摄身体鲜活、感性的生活结构，但前提是，这样做必须不危及、不动摇自身的统治基础。这是因为在统治历史中，个体的感性领域是以“不可还原的特殊性或具体的确定性为标志的”[③]，它存在逃脱出抽象理性的专制统治范围的可能性，统治阶级对此必须予以了解。

① 伊格尔顿．审美意识形态［M］.2版．王杰，傅德根，麦永雄，译．桂林：广西师范大学出版社，2001：203.

② 伊格尔顿．审美意识形态［M］.2版．王杰，傅德根，麦永雄，译．桂林：广西师范大学出版社，2001：2.

③ 伊格尔顿．审美意识形态［M］.2版．王杰，傅德根，麦永雄，译．桂林：广西师范大学出版社，2001：4.

那么，能够促使这种平衡实现的科学应该是什么呢？伊格尔顿给出了答案：美学。在他看来，美学作为一种身体话语，能够以一种类似理性运作的方式，“捋清源自感觉和历史活动的素材，揭示具体的事物的内在结构”[1]，从而使感性事物明晰可解，统治者也有可能掌控这块处在精神飞地之外的感性领域的可能性。

这样，美学便也理所当然地成为专制主义统治的辅助治理手段，这种形式实际上与葛兰西的“文化领导权”思想和阿尔都塞的意识形态国家机器形式类似：专制主义为身体感觉倾向营造宽容氛围，使之在相关自律范围内尽情发展，但同时又成功有效地把法律和规则镌刻在个体的肉体上。由此，统治阶级便借助于审美这种身体话语巧妙地驯服了个体，不再担心其会从理性概念话语中逃脱，从而使自己的统治能够维系下去。需要指出的是，这里的美学包含更丰富的内容，包括风尚、习俗、习惯、虔诚、情感、爱等，但它们根本上均是以身体为物质基础的情感话语。在资本主义统治制度下，这种情感话语通过把权力和法律完全审美化，将其分解成不假思索的身体习性，使之与肉体的自发冲动彼此同一。这样的话，“权力被镌刻在主观经验的细节里，因而抽象的责任和快乐的倾向之间的鸿沟也就相应地得以弥合”[2]。正是在这个意义上，伊格尔顿分别对康德、黑格尔、卢梭及英国经验主义美学进行了认真考察和解读。

康德的实践理性虽然具有封建专制主义色彩，要求以抽象的责任作为终极目标，但他的审美理论使普遍法律存在于主体的主观能力结构中，从而在绝对的主观主义与抽象的理性之间也形成妥协：法律存在于自由的主体身上，以一种自发的相互和谐的方式起作用，是一种无法之法。但是，康德的这种美学理论缺乏身体这一物质基础：“康德对于主体的措辞也很难说是对肉体的措辞，因为肉体的需要和欲望超越了审美趣味的非功利性。

① 伊格尔顿．审美意识形态[M].2版．王杰，傅德根，麦永雄，译．桂林：广西师范大学出版社，2001:5.

② 伊格尔顿．审美意识形态[M].2版．王杰，傅德根，麦永雄，译．桂林：广西师范大学出版社，2001:9.

肉体不可能被描绘或表现在康德美学的框架内；相应地，康德以形式主义的伦理终结了抽象政治权力的理论和‘主观的’而非感觉的美学。”[①]黑格尔则表现出了试图扭转理论中的道德法律和身体感性对立的倾向，黑格尔认为，人类主体在政治生活中的自我实践构成了理性和经验之间的中介，即把理性置于肉体的感情和欲望中，以此实现理性的审美化。例如，在黑格尔的《法哲学》一书中，伦理不再是法律，而成为一种风俗，即第二天性的习惯性行为方式。教育实践把个体的嗜好欲望等第一天性的行为转化成第二天性，并使他们习惯、适应。这样，身体性主体便在审美的意义上，与法律相一致，从而可以说：“最终维护社会秩序的是习惯性实践和本能的虔诚，它们比抽象的权力更灵活和更轻快，在此领域内主体被赋予了生动的力量和情感。”[②]由此可以看出，黑格尔使理性摆脱了康德的抽象责任，成为物质实践中的积极的变革力量。卢梭为了早期资产阶级统治的需要，写下了《爱弥儿》和《新爱洛绮丝》等著作，便主要是想通过干预教育学的和性道德的领域，建构新形式的身体主体性。在卢梭看来，理想的市民应具有热爱其他市民和他们共同生活环境的美德，这种美德是以自然状态下身体体验到的相互同情为基础，但同情又不以想象性交流为基础，由此把个体紧密结合起来。但在实际的社会制度中，社会和谐不能仅仅依靠身体自然的情感，还必须在法律中找到正式的表达方法，即个体使自己接受和服从集体的普遍意志和法律，但法律应是个体自我授予、自我决定的，从而在特殊和普遍之间达到一种审美意识形态式的融合。

除此之外，英国经验主义美学是伊格尔顿的审美意识形态话语更为倚重的理论资源。这是因为，虽然早期德国美学想要调和一般与特殊的关系，试图维持理性赋予身体经验特殊的密度，但又不容身体经验摆脱控制，这种张力很难维持，结果是要么屈从于形式主义（康德），要么身体感觉遭受

① 伊格尔顿．审美意识形态[M].2版．王杰，傅德根，麦永雄，译．桂林：广西师范大学出版社，2001:9.

② 伊格尔顿．审美意识形态[M].2版．王杰，傅德根，麦永雄，译．桂林：广西师范大学出版社，2001:11.

歧视，只限于视觉和听觉（黑格尔）。而英国经验美学本身则是扎根于直接的感性经验，重视“从市民社会中充满感情和欲望的个体那里入手，去探索可以使之与更大的整体结合起来的相关问题”①。例如，夏夫兹博里很重视道德的审美化，极力为与感情相联系的伦理道德和人类的天性就是追求自我身体快乐作终极辩护。对于他而言，审美化的生活就是在和谐地发挥个人能力的过程中充分表现自己，在令人愉悦的生活方式中遵循人的自由个性的法则。

论述至此可以看到，审美作为专制主义统治的润滑剂和替代品，使主体通过身体的感觉冲动和同情联系在一起，确保了主体在达成社会和谐的同时又保持了独特的个性，从而为资产阶级提供了理想的政治模式。但我们不禁要问：这是否意味着统治阶级就可以凭借美学工具来为维护自己的统治而高枕无忧呢？在这里，伊格尔顿表现出了辩证、开阔的视野，因为他在看到“审美预示了马克斯·霍克海默尔所称的‘内化的压抑’，把社会统治更深地置于被征服者的肉体中，并因此作为一种最有效的政治领导权模式而发挥作用”②的同时，也注意到了“自由和同情、想象和肉体感情都极力使人们能在强制性的理性主义话语中听到自己的声音”③，即审美也意味着对于权力的反抗。这是因为作为风俗、情感和自发冲动的审美虽然可以与政治统治很好地协调、配合，但种种现象又类似于激情、想象和感性，而后三者往往不易融合。这样，审美在成为政治统治所渴望的同时，又是危险的、可惧的，它潜藏着反抗、颠覆权力的可能性，体现出审美意识形态的辩证法，这在某种程度上，与阿尔都塞的意识形态理论反抗无力形成鲜明对比。

---

① 伊格尔顿．审美意识形态[M].2版．王杰，傅德根，麦永雄，译．桂林：广西师范大学出版社，2001：21-22.

② 伊格尔顿．审美意识形态[M].2版．王杰，傅德根，麦永雄，译．桂林：广西师范大学出版社，2001：17.

③ 伊格尔顿．审美意识形态[M].2版．王杰，傅德根，麦永雄，译．桂林：广西师范大学出版社，2001：16.

三、对于阿尔都塞意识形态反抗无力困境的解决

阿尔都塞是西方马克思主义的代表人物之一，一生致力于马克思主义理论的阐发和研究，发展了结构主义批评、意识形态批评等很多研究方法，尤其是其中的意识形态国家机器理论，对后继的西方马克思主义和文化研究的发展，影响甚大。需要知道的是，阿尔都塞对于意识形态问题的探讨，实际上肇始于他在马克思思想中发现了“认识论的断裂”。在他看来，以1845年为标志，之前的马克思思想属于意识形态阶段，即理论上的人道主义；之后的马克思思想属于科学阶段，即辩证唯物主义，两者是属于不同意识形态的：“科学（科学是对现实的认识）就其含义而言是同意识形态的决裂，科学建立在另一个基地之上，科学是以新问题为出发点而形成，科学就现实提出的问题不同于意识形态的问题，或者也可以说，科学以不同于意识形态的方式确定自己的对象。”[①]在这两者中，阿尔都塞是推崇科学、弃绝意识形态的，因为科学是真正属于马克思的问题式，而意识形态则属于资产阶级，是资产阶级维护、掩盖其统治的手段。因此，这两者是势不两立的。也正是因为这样，阿尔都塞为了维护马克思主义的科学性，开始对意识形态的结构和功能进行了深入探讨，并对资产阶级意识形态进行了持续的解剖和批判。

阿尔都塞对于意识形态的批判，实际上意在分析、探讨统治阶级是如何驯服个体认同于其统治的。他借用了马克思的再生产理论，从“生产力的再生产”和“现存生产关系的再生产”[②]两方面分析了意识形态对于个体的驯服，而个体在这个过程中所遭受到的驯服，既是精神上的，也是身体上的。

阿尔都塞认为，“生产力的再生产”主要指劳动力的再生产，它是通过付给劳动力用于自身再生产的物质资料，即通过工资来得到保障的。付给

① 阿尔都塞.保卫马克思[M].顾良,译.北京:商务印书馆,2006:66.

② 阿尔都塞.哲学与政治:阿尔都塞读本[M].陈越,编译.长春:吉林人民出版社,2003:321.

劳动力的工资除了取决于工人的维持自己的生物学意义上的身体的最低保障金的需要（包括工人基本的衣食住行，以及子女的抚养和教育）外，还取决于历史的最低限度的需要。但是，仅仅在物质条件上保障劳动力的再生产，还是不够的，还必须进行适合在生产过程的复杂体系内从事工作的劳动技能的再生产，这种技能生产主要是通过资本主义的教育制度及其他场合和机构来完成。在学习过程中，劳动力一方面要学习技法和知识，另一方面还要学习"良好的行为'规范'，即每个当事人在分工中根据他们'被指定'要从事的工作所应遵守的姿态：道德规范、公民良知和职业良知"[①]，以及学会讲体面的法语和正确地管理那个人等。这实际上是说，劳动力的再生产，既要求再生产出劳动力的技能，同时还要求"再生产出劳动力对现存秩序的各种规范的服从，即一方面为工人们再生产出对于占统治地位的意识形态的服从，另一方面为从事剥削和镇压的当事人再生产出正确运用占统治地位的意识形态的能力，以便他们也能'用词句'为统治阶级的统治做准备"[②]。这样，就涉及生产关系的再生产与意识形态的关系的问题。在阿多诺看来，资本主义是通过国家政权在国家机器（镇压性国家机器和意识形态国家机器两方面）中的运用来保证其统治的。在这两种国家机器中，镇压性国家机器是一个有组织的整体，由掌握国家政权的统治阶级的政治代表领导，本质在于运用肉体的或其他形式的武力来保证生产关系（说到底是剥削关系）再生产的政治条件。具体手段包括"从最野蛮的肉体施暴，到纯粹的行政命令和禁令，直到公开和隐蔽的审查制度"[③]。由此，它成为意识形态国家机器的后盾，保障了其对于生产关系的再生产。正如阿尔都塞所言："任何一个阶级如果不在掌握政权的同时对意识形态国家机器并在这套机器中行使其领导权的话，那么它的政权就不会持久。"[④]因此，统治阶级十分注重对于意识形态国家机器的控制和实施。

---

① 阿尔都塞.哲学与政治:阿尔都塞读本[M].陈越,编译.长春:吉林人民出版社,2003:325.

② 阿尔都塞.哲学与政治:阿尔都塞读本[M].陈越,编译.长春:吉林人民出版社,2003:325.

③ 阿尔都塞.哲学与政治:阿尔都塞读本[M].陈越,编译.长春:吉林人民出版社,2003:341.

④ 阿尔都塞.哲学与政治:阿尔都塞读本[M].陈越,编译.长春:吉林人民出版社,2003:338.

意识形态国家机器主要是指教会、学校、家庭、工会、传播媒介等机构，通过这些机构，统治阶级对个体在身体和精神上施以意识形态的控制和驯服。这样，与镇压性国家机器是运用暴力发挥作用相反，意识形态国家机器是运用意识形态发挥作用的。在阿尔都塞看来，意识形态是个人与其实在生存条件的想象关系的表述，并且，这种表述不是观念的或精神的存在，而是一种物质存在，即“一种意识形态总是存在于某种机器当中，存在于这种机器的实践或各种实践当中”①。这实际上说明了，意识形态也需要借助于意识形态国家机器及其实践才能发挥作用。具体到个体身上，表现为：如果他信仰上帝，他就去教堂做弥撒、跪拜、祈祷、行补赎、匍匐悔过等；如果他信仰职责，他就会采取相应的姿态，并按照正确的原则把这些姿态纳入仪式化的实践；如果他信仰正义，他就会无条件服从法律的准则，甚至会在这些准则遭到亵渎时提出抗议、联名请愿和参加示威游行等②。在这个过程中，阿尔都塞认为，个体作为意识形态的驯服对象和功能载体，已经构成为一个主体。这就引出了阿尔都塞尤为关注的意识形态与主体建构的问题。

阿尔都塞认为，主体是意识形态的基本范畴，没有不借助于主体并为了主体而存在的意识形态，意识形态的功能就是“在个人中间‘招募’主体（它招募所有的个人）或把个人‘改造’成主体（它改造所有的个人）”③。而其招募改造主体的机制是呼唤或传唤，即通过某个独一的、中心的、作为他者的绝对主体的召唤，使个人居于意识形态所期望的位置，从而使个体成为主体。例如，在大街上，警察对某个人呼喊“嗨！叫你呢”，当被呼唤的个人回转过身时，他“仅仅做了个一百八十度的转身，他就变成了一个主体”④。需要说明的是，当个体被呼唤或传唤为主体时，也就意味着个体成为臣服于绝对主体的主体。在此不禁要问，这个主体是否

① 阿尔都塞.哲学与政治：阿尔都塞读本[M].陈越，编译.长春：吉林人民出版社，2003：356.
② 阿尔都塞.哲学与政治：阿尔都塞读本[M].陈越，编译.长春：吉林人民出版社，2003：357-358.
③ 阿尔都塞.哲学与政治：阿尔都塞读本[M].陈越，编译.长春：吉林人民出版社，2003：364.
④ 阿尔都塞.哲学与政治：阿尔都塞读本[M].陈越，编译.长春：吉林人民出版社，2003：364-365.

具有一定的反抗性呢?

阿尔都塞在对社会历史的观察和思考中，采取了一种结构主义原则，把社会历史当作一个无主体的过程，这意味着实际上已取消了主体的反抗性。阿尔都塞认为，生产关系的结构决定生产当事人所占有的地位和所负担的职能，而生产当事人只有在他们是这些职能的“承担者”的范围内才是这些地位的占有者。因此，真正的“主体”(即构成过程的主体)并不是这些地位的占有者和职能的执行者。同一切表面现象相反，真正的主体不是天真的人类学的“既定存在”的“事实”，不是“具体的个人”“现实的人”，而是这些地位和职能的规定和分配。所以说，真正的“主体”是这些规定者和分配者：生产关系(以及政治的和意识形态的社会关系)。很显然，按照阿尔都塞的理解，社会历史的主体应是社会结构，而非个人主体，个人主体只是社会结构的功能和任务的执行者，最终还是取决于社会结构。这样，阿尔都塞无疑就取消了马克思关于人是社会历史发展的主体的论断，取消了个人主体所包含的身体情感经验的无限丰富性、可能性，这也决定了在阿尔都塞的视域中，个人只是一个被动的屈服的主体，毫无主动性和反抗性。在此意义上，阿尔都塞式的主体陷入了无力反抗的困境。在此意义上，伊格尔顿坚持的审美是一种身体意识形态话语的优势性便显示了出来，可以帮助阿尔都塞的意识形态理论走出抵抗无力的困境。

第二节　身体话语与文化政治

当伊格尔顿认为审美作为一种身体话语，是统治的帮凶和能够反抗、颠覆权力时，实际上隐含了另一个重要论题：文化与自然的关系。而这也说明了伊格尔顿的研究领域从审美意识形态转向了更广泛意义上的文化政治。

一、身体是自然和文化存在的统一体

伊格尔顿认为，文化与自然是辩证统一的关系。他举过一个例子形象地说明了这点，“穷人的肾上腺往往比富人的肥大，因为前者要忍受更多的压力，但是贫穷不能产生其中什么也没有的肾上腺”[①]，即是说，不同的文化意义可以形成身体的不同反应，但文化也要受到身体自然的制约。在文化与自然的辩证关系中，一方面，文化是源于自然的，这从词源学上可看出，英文“culture”这个词的原始意义之一是耕作或者对自然生长实施管理，它“最先表示一种完全物质的过程，然后才比喻性地反过来用于精神生活”[②]。更辩证一点说，人类用来改造自然的文化手段本身就源于自然，例如，莎士比亚的《冬天的故事》第四幕第三场陈述道：

> 可是那种改进自然的工具也
> 正是自然所造，因此你所谓
> 加于自然之上的艺术，就是
> 自然的产物……但这种艺术
> 不改进自然——而将它改变，
> 可是那艺术本身也就是自然。

另一方面，自然需要文化，“所有的人在出生之际，都尚未发育完全、不能自立、有赖于他人帮助并且没有能力照料自己。……如果不出意外，人们在随后的成长过程中，将会获得有限程度的自主，但仍然以不断依赖为基础，不过，这次依赖的不是自然，而是文化”[③]。“文化”在这里并非是指司汤达或者肖斯塔科维奇所言人类生存的必要条件，而是在培育系统

① 伊格尔顿.文化的观念[M].方杰,译.南京:南京大学出版社,2003:101.
② 伊格尔顿.文化的观念[M].方杰,译.南京:南京大学出版社,2003:2.
③ 特里·伊格尔顿.文化与社会主义[J].强东红,译.文艺理论与批评,2010(1):45.

意义上使用的。比如一个婴儿，他的成长不仅需要食物，还需要周围的人与之进行交流，得到情感上的抚慰，使其脆弱性得到庇护。在这里，文化是一个兼具描述性和规范性的术语，“它以中性的方式描述了我们若要生存就必须面对的实实在在的事物，但是，它同时又涉及一种关爱，所以它本身也是一种价值术语。如果没有一些关爱的文化敞开胸怀欢迎，我们绝不会兴旺成长”[①]。甚至说，正因为人的成长需要依赖他人及与他人产生的情感关系，一旦在后来某一时刻与他们分离，则会带来创伤，所以导致了精神分析学的兴起。

伊格尔顿进而认为，身体是文化和自然的统一体，身体既是自然的，又是文化的，但学界在身体与自然和文化的认识上也存在一些偏颇的观点。一种是自然主义，其以一种反文化的措辞将人类描述为固定的纯肉欲的集合。另一种是与自然主义相反的文化主义，他们认为：“身体是一种文化的构想，是如同男按摩师手中拍打的东西一样的充满想象的解释者手中的粘土。”[②]对于文化主义而言，文化不是出乎自然，而是自然在任何情况下都是文化的，这样也就不存在自然与文化之间的辩证关系问题。文化主义强调文化至上，认为其有助于人类成长和发展，可以让人类拥有语言，生活在意义世界之中，从而超越单纯的身体联系，在“使身体向外部一系列复杂网络制度延伸”的同时，也“向身体内部拓展赋予它以精神深度和内在性”[③]。但文化至上也给世界带来灾难，其使人类认为，我们作为一种语言、文化生物，远远胜过了其他生物，并使我们不再重视自己的身体和他人的身体，身体感官反应也被文化所麻痹。这将使世界上的其他事物成为人类所要征服的客体，人类在满足自己的征服欲的同时，导致客体异化。文化主义有可能使人们在不顾自身实际能力的情况下，欲望膨胀，自我陶醉、放纵，甚至为了填充欲望而盘剥、毁灭他人。

此外，伊格尔顿的身体理论中还涉及生态记忆理论。生态记忆指的是

① 特里·伊格尔顿.文化与社会主义[J].强东红,译.文艺理论与批评,2010(1):45.

② 伊格尔顿.文化的观念[M].方杰,译.南京:南京大学出版社,2003:102.

③ 特里·伊格尔顿.文化与社会主义[J].强东红,译.文艺理论与批评,2010(1):46.

当生态环境日益恶化，严重危及人类的生存时，在人的内心深处，往往会萌生出怀古或怀乡情结。而无论怀古还是怀乡，作为一种回望的情感，实际上是一种激活和开掘生态记忆的过程，即在已逝的某些记忆中，重温人与自然的生态和谐，以此对抗现代工业社会，抚慰内心的生态裂痕，寻觅诗意的栖居。在现代社会的祛魅和全球化语境下，生态记忆正濒临于断裂和忘却的危急状态。

现代社会是一个自然神性祛魅、人的主体性高扬的社会。在启蒙理性和工具理性的作用下，人不再匍匐于自然和神的脚下，而是开始成为征服和认知的主体，对自然施以极权。而这一过程实质上是一个忘却的过程，人们忘记了人的身体与自然的天然紧密性，忘记了对工具理性进行检讨和认识，一句话，忘记了人是自然和文化的辩证结合体。人首先是一种自然物质性存在，其生长和发展都离不开文化："因为我们都是早产的，不能照顾我们自己，所以我们的天性包含了一个裂开大口的地狱，文化必须急切地进入其中，否则我们就会死去。"[①]但文化稍有不慎，也可能是自然的灾难，"语言的动物以各种各样的方式保持它对自己生物伙伴们的优势：它可以是冷嘲的或者洋洋得意的，虐待儿童或者储备核武器。在一定程度上，语言是把我们从黑暗的生物学局限中解放出来的东西，使我们能够将自己从世界中抽象出来（为了这个目的，也包括我们的身体），以便改造它或者毁灭它"[②]。这时，文化与自然无疑是断裂的，而只有在物质存在与文化存在二者之间产生分裂之后，记忆和人类创新的可能性才会出现。这种记忆实质上是在启蒙对自然的无限临近后，"主体对自然的记忆，是我们内在本性中出自天然的模仿的冲动"，即对人和自然曾经保持的和谐状态的回忆与缅怀。例如，马尔库塞认为："回忆作为认识功能毋宁说是一种综合，是把在歪曲的人性和扭曲的自然中所能发现的那些支离破碎的东西重新组合在一起。"[③]

① 伊格尔顿.后现代主义的幻象[M].华明，译.北京：商务印书馆，2014：73.

② 伊格尔顿.后现代主义的幻象[M].华明，译.北京：商务印书馆，2014：73-74.

③ 赫伯特·马尔库塞.审美之维[M].李小兵，译.桂林：广西师范大学出版社，2001：130-131.

二、对于后现代主义身体话语的反思

在伊格尔顿的研究视域中，后现代主义是他颇为关注的一个问题，而身体与后现代主义有着割舍不断的密切关系，因此，对于后现代主义的探讨，也必然绕不开身体问题。

伊格尔顿认为，后现代主义是激进运动遭受重大失败后的产物，是在无法挑战现存资本主义制度的情况下的一种替代性选择。后现代主义的特征是小心避开绝对价值、坚实的认识论基础、总体政治眼光、关于历史的宏大理论和“封闭的”概念体系。它是怀疑论的，开放的，相对主义的和多元论的，赞美分裂而不是协调，破碎而不是整体，异质而不是单一。它把自我看作是多面的，流动的，临时的和没有任何实质性整一的。伊格尔顿对于后现代主义的兴趣，不在于其较为陈腐的公式，而在于作为整体的后现代主义的文化或背景甚至是敏感性；不在于仅仅对后现代主义进行一般的评述，而在于从政治和理论的角度，对其进行批判。

例如，后现代主义反对权威和精英，但也往往把等级制度混同为精英主义一起反对。殊不知，等级制度与精英主义并不完全相同。精英主义是一种对精选的少数人的权威的信仰，而等级制度是在最广泛意义上而言的，是指某种类似优先秩序的东西。可以说，人人都是等级主义者，但并非都是精英主义者。本质主义也是后现代主义所批判的罪行之一，本质主义可以理解为：“事物是由某些属性构成的，其中某些属性实际上是它们的基本构成，以至于如果把它们去除或者加以改变的话，这些事物就会变成某种其他东西，或者就什么也是。”[①]如果从“把一种永恒的性质或者类型加以物体化”的事情看，后现代主义反对本质主义也是有道理的，但后现代主义者在理解本质主义时，也持有错误观点，如把一事物的所有属性都看成它的基本属性；假定每一事物都与其他任何事物相隔绝地闭锁在自己密封的本体论空间里。从这个意义上说，后现代主义对于本质主义的批判中是

① 伊格尔顿.后现代主义的幻象[M].华明，译.北京：商务印书馆，2014：112.

存在悖论的。

除此之外，后现代主义在对目的论、超历史、普遍主义的人本主义及主体认识方面，应该说都是有问题的。其中，主体问题与身体有关。主体，作为西方哲学的一个重要概念，是以人为中心论题的，但往往在人的精神和身体之间游移。以笛卡尔、康德为代表，视“我思”为主体，强调人的理性、精神。尼采则试图瓦解人的精神主体，强调以身体作为人的存在，而这在某种程度上，也开启了后现代主义主体的先声。

后现代主义的主体不是意识、精神，而是身体。身体成为后现代主义最为关注的事物之一，说明了激进的政治学说向着可悲的曾经被它们所忽视的领域，即身体的延伸，他们认为，关于国家、阶级、生产方式、经济正义等抽象的问题已无法在此时此刻解决，不得不将注意力转向某些更私人、更感性、更个别的事物，即新身体学上。所以说，“身体既是一种激进政治学说必不可少的深化，又是一种对它们的大规模替代”①。

身体与语言或文本性的结合，也是后现代主义新身体学的一种构成形式。伊格尔顿说过，在总体政治已无实现可能的情况下，除了性和身体可作为替代的激进政治形式，语言或文本性也会成为这种政治自由的残留领域，人们可以想象这个及时出现的主角扮演者，但也能够看到它如何同时从事深化和置换的行动。“所有这一切都同时表示为一种振奋人心的新颖形式的政治学说，以及一种遭受挫折的政治能量的一种迷人替代物，政治上的沉寂的社会中一种代用的偶像破坏。”②

从这里已经隐约可以看出，伊格尔顿对后现代主义新身体学是持一种批判态度的。当然，原因不仅在于此，更主要是因为新身体学造成了作为主体的身体向作为客体的身体的转移。对于新身体学而言，其他的身体都是过时的，毫无用处的，本来，在伊格尔顿看来，最理想的身体应是梅洛-庞蒂《知觉现象学》一书里阐释的身体，其论述的身体融实践与构想为一体，具有人本主义意义，是“有事情可做的地方”。而后现代主义的身

① 伊格尔顿.后现代主义的幻象[M].华明，译.北京:商务印书馆，2014:82.

② 伊格尔顿.后现代主义的幻象[M].华明，译.北京:商务印书馆，2014:23.

体都是“有事情——观看、铭记、规定——正在做给你看的地方”①，这实质上是一种异化的身体。伊格尔顿认为，理想的身体应该是自然与文化之间的一个铰链，来源于自然，能够在改造它周围物质客体过程中改造它自己的能力。而新身体学虽然强调身体的自然性与物质性，但忽略了身体在自然与文化之间的切入方式，粗暴地将身体化约为一种文化主义，意指身体是建构在语言中的，以符号表达自己。而这意味着把身体变成一个被抽象的世界里的造物，失却了身体的自然性。而如果你驱逐它，却又存在着“把主体性本身当作不过是一个人本主义的神话加以驱赶的危险”②。所以，必须保证身体在自然和文化之间具有一种张力，才能使其回归到人本主义。

伊格尔顿以身体为视角分析了后现代主义内在的矛盾和悖论，同样以身体为视角，探析了后现代主义语境下的“理论之后”。与之相关的著作有尼尔·路西的《后现代文学理论·理论之死》、保罗·德曼的《对理论的抵制》、米切尔的《反抗理论》、玻格斯的《挑战理论》、卡维纳的《理论的限度》、阿拉克等的《理论的后果》、麦奎伦的《后理论：批评新方向》等。在这一系列著作中，对“理论之后”的理解也不尽相同，但总的来说，可概括为以三种意见：一是强调文学理论的终结，二是抵制理论、反理论，三是针对理论、前理论留下的理论空间而提出的，为迄今尚未触及和思考过的问题探讨诸多可能性③。伊格尔顿也写过一部名为《理论之后》的著作，虽然有人宣称这本书“敲响了理论的丧钟”④，但实际上，伊格尔顿在此所言理论仅仅是指那一时代的正统文化理论。

在伊格尔顿的理解中，“理论之后”还有一层意思，即文学理论缺乏实质性的、创新性的内容。伊格尔顿在评论彼得·布鲁克斯的《身体工作》一书时指出，这是一本很难确定其文类归属的书，作者从索福克勒斯谈到

① 伊格尔顿.后现代主义的幻象[M].华明，译.北京：商务印书馆，2014：83.

② 伊格尔顿.后现代主义的幻象[M].华明，译.北京：商务印书馆，2014：88.

③ 张玉勤.走向“后理论”时代的文学理论[J].广西社会科学，2010(1)：91-96.

④ 张箭飞.文化理论在西方的死亡[J].学术研究，2005(9)：45.

视淫癖，从小说谈到视觉艺术，并把大量的精神分析学见解与巴尔扎克、卢梭、詹姆斯、左拉、高更和玛丽·雪莱作品中的身体联系起来，如果寻找一个串缀统领的主题的话，那便是身体。虽然这本书在细部读解上很出色和具有新意，但却没有超越现在人人皆知的母题——身体。在这里，伊格尔顿指出了其所处时代文学理论存在一个很大的危机，那就是缺乏真正有创新意义的理论，“仿佛文学理论都已就绪，剩下的事情就是用理论去梳理更多的具体文本”[①]。所以，伊格尔顿批评《身体工作》这本书只是对其中的概念进行批判，却不去探问为什么要用大量篇幅来谈身体。伊格尔顿给出建议：应该在探问自身存在所凭借的历史条件基础上，去准备更宏大的叙事。

伊格尔顿的这种建议，与詹姆逊在探讨快感作为一个政治问题时的看法一致。詹姆逊认为，（身体）快感就其性质而言，是无法确定的，不能被人的眼睛直接捕捉，也不能概念化，只能从旁去体验。这种快感不仅与愉悦的体验有关，还与政治或从事政治的活动有关，是快感的意识形态，如新左派或马尔库塞的理论。不过，作为一个政治问题的特殊的快感，必须包含双重的焦点：“局部的问题是充满意义和自足的，但又被作为总体乌托邦和整个社会体系革命转变的同一且同时的形象。”[②]这说明了詹姆逊的辩证法的责任，即“具有创造一些途径将此时此地的直接情境与全球的整体逻辑或乌托邦结合起来”[③]。只有这样，身体的快感，才能避免自鸣得意的享乐主义，真正具有政治性。

三、从悲剧中挖掘身体话语的反抗潜能

悲剧与身体，似乎也是西方马克思主义比较关注的一个论题，本雅明

① 特里·伊格尔顿.历史中的政治、哲学、爱欲[M].马海良，译.北京：中国社会科学出版社，1999：205.

② 詹姆逊.快感：文化与政治[M].王逢振，等译.北京：中国社会科学出版社，1998：150.

③ 詹姆逊.快感：文化与政治[M].王逢振，等译.北京：中国社会科学出版社，1998：150.

阐释过悲悼剧中变形、受难的身体，伊格尔顿同样对悲剧中的痛苦的身体予以了充分的探讨，并有《甜蜜的暴力——悲剧的观念》一书。伊格尔顿之所以关注悲剧中痛苦的身体，不仅在于其合乎自然与文化相统一的理想，更在于它具有塑造革命主体、颠覆社会的潜能。

伊格尔顿认为，悲剧中的身体具有生物性、自然性，这是他在反驳左派激进政治的历史观时得出的结论。左派激进政治反对本质，崇尚历史化，这源于资本主义的意识形态："在一个崇尚短期合同、准点递送、不断缩小和改造、时尚隔夜就变、资本投资、身兼数职、多用途生产的世界上，这样的理论家似乎令人惊奇地认为，主要的敌人是那些被归化、静态、不变之人。"[①]其对超历史范畴则极为怀疑和讨厌，其原因是它暗示着存在不可改变的事物，有可能助长政治宿命论的势头，而这显然是不利于左派政治要求的。

左派认为悲剧是超历史性的，例如，乔纳森·多利莫尔假定悲剧总是与宿命论、屈从和必然性有关，弗兰西斯·巴克尔则直接宣称，悲剧本质上是非历史性的。从这个意义上说，也的确如此，悲剧虽然处理的是针锋相对的历史危机，但其同时也关注一些极不可能改变的事物。悲剧主义关注受苦受难的诸多方面，如衰老、疾病、对自己死亡的恐惧、因别人死亡而忧伤人生的短暂与脆弱等。这些苦难是一种人类不同的生命形态可以共享、对话的语言，它们作为生物存在的情感表征，自文明之初到现在并未发生本质性的变化。在悲剧中，这种苦难情感的典型表现是痛苦的身体。痛苦的身体"在很大程度上是一种消极的身体，不适宜于某种关乎自我形塑的意识形态。被告知他们的痛苦在文化意义上得以建构，这对于痛苦的受害者来说没有什么特殊的安慰意义"[②]。不过，这并不意味着痛苦的身体对于激进政治毫无用处，是其障碍，反而可能是激进政治的来源："我们的被动性与我们的弱点，紧紧绑缚在一起，任何真正的政治一定都被固定在

---

① 伊格尔顿.甜蜜的暴力:悲剧的观念[M].方杰,方宸,译.南京:南京大学出版社,2007:3.

② 伊格尔顿.甜蜜的暴力:悲剧的观念[M].方杰,方宸,译.南京:南京大学出版社,2007:6.

其中。”①

悲剧对于主人公意味着一种身体苦难，但这种苦难不具有交换价值，“一旦苦难以一种工具性的或相应而生的方式加以构想，它就不再是补偿性的。颇像当人们想到作为回赠的礼物就已经不再是真正意义上的礼物一样”，“人们只有通过接受对于实际来说最不幸的情况，而不是将其作为跳跃不幸的一种便利的跳板，才有希望超越它”②。因此，悲剧往往通过对主人公施以极度的苦难，使人在无法忍受之际，“主体调动起人的身体内部一种本能力量和死亡驱力，将驱使他走向反抗”③。这样，便容易产生一种具有解放性和反抗性的主体。

这种革命性的反抗主体，在伊格尔顿的悲剧中，具有了不同于传统悲剧人物的新的指称。在西方古典悲剧中，崇尚的是悲剧英雄，即某一英雄人物，因为道德上的某种缺陷，犯下错误，在身体上遭受不公正的惩罚，并英勇地进行抗争。而在现代悲剧中，主人公由悲剧英雄转向了底层的、日常生活中的小人物。小人物的身份广泛而大众：“在民主制度下，悲剧主人公要具有悲剧性，没有必要一定是悲剧英雄……做悲剧主人公的唯一要求是，你是这种人当中的一员。就等级、职业、起源、性征、种族等等而言，属于哪一种成员范畴是极为平常的一件事。”④小人物在生活中极易遭受身体和精神上的身体痛苦，这在某种程度上而言就为潜意识的社会抵抗积累了能量。

此外，小人物的悲剧可以从利己主义和利他主义两种身体牺牲模式来探讨。在伊格尔顿看来，悲剧中的死亡是无法避免的，只不过死亡的方式和目的不同而已。悲剧中的牺牲包括两种：利己主义牺牲和利他主义牺牲。利己主义的牺牲总是为了自身的其他目的，以此满足自己的私心欲望，比如荣誉、金钱、权威等。而利他主义的牺牲则恰恰相反，它不怀有任何私

① 伊格尔顿.甜蜜的暴力:悲剧的观念[M].方杰,方宸,译.南京:南京大学出版社,2007:7.

② 伊格尔顿.甜蜜的暴力:悲剧的观念[M].方杰,方宸,译.南京:南京大学出版社,2007:39.

③ 肖琼.伊格尔顿的悲剧理论阐述[J].文艺理论与批评,2011(2):60.

④ 伊格尔顿.甜蜜的暴力:悲剧的观念[M].方杰,方宸,译.南京:南京大学出版社,2007:102.

利目的，是一种义无反顾牺牲自己的生命，成全他人、满足他人利益的牺牲。在这两种牺牲模式中，何者构成悲剧呢？在伊格尔顿看来，是利他主义的牺牲。这其实是一种消极意义的牺牲。因为在伊格尔顿看来，所谓牺牲就是把一些卑贱的或无价值的生活片段，转变成特殊的、有价值的事情。这样的话，利己主义完全追求私人利益的牺牲就毫无疑义，不具有悲剧性，也就无法酝酿出反抗的革命身体。而作出利他主义牺牲的人，就有可能为社会的革命目的，义无反顾，不惜牺牲自己的身体。比如，中国的无数革命大众的牺牲，就属于利他主义的牺牲。他们虽然是再普通不过的小人物，但为了革命的胜利，前赴后继，为后人铺就了幸福的道路。当然，这种牺牲对于反动阶级来说，是具有消极意义的。

四、“理论之后”的道德身体建构

伊格尔顿对后现代主义身体话语，并不仅仅表现为反感和批评，他积极建构道德身体，以弥补后现代主义身体话语的不足。这一点体现了伊格尔顿是一个真正的马克思主义者，而非后马克思主义者，因为他所汲取的理论资源来源于马克思曾经探讨过的道德话语。

对于后现代主义者来说，他们主张身体享乐理论，在后现代主义社会，道德是没有容身之地的。许多人认为，“道德大部分似乎和性有关，或更准确地说，和我们为什么不应该有性行为有关”①，多是关乎禁止、说教。但进入后现代社会，这种道德迅速让位：“从1960年代起，性行为是种神圣的职责，就像涂睫毛膏或祭拜祖先，道德迅速地让位于时尚”②，更准确地说，是让位给了后现代主义所谓的政治。后现代主义并不关心社会宏观、总体的政治，而是沉溺于私人事务和日常生活。这样，道德也就从政治问题转化为个人问题，成为躲避政治难题的常用方法。

而在经典马克思主义看来，道德问题是不容忽视的，并且与政治问题

① 伊格尔顿.理论之后[M].商正，译.北京：商务印书馆，2009：135.

② 伊格尔顿.理论之后[M].商正，译.北京：商务印书馆，2009：135.

密切相关。亚里士多德就曾把伦理学和政治学结合在一起，而马克思所继承的也正是这种道德思想，马克思并不赞成道德仅仅属于个人的观点。“他相信，道德探索必须检验组成特定行为或特定生活方式的所有因素，而不仅仅是个人行为或个人的生活方式。”[①]道德是关乎整个社会生活的，不论是社会政治，还是个人，都无法完全脱离道德说教而生活。这是因为道德与人的身体密切相关。

伊格尔顿说：“道德基本上就是一种生物学的事务，就是说，如同与我们有关的其他每件事情一样，道德最终扎根于我们的身体。”[②]这实际上是认为，身体是我们思考一切道德问题的出发点，道德总是与身体有关，“正是终有一死的人体，那脆弱易毁、受苦受难、心醉神迷、贫穷困苦、相互依存、满怀欲望、悲天悯人的人体”，“提供了所有道德思考基础，道德思考把我们的身体又重新摆进了我们的话语”[③]。伊格尔顿把道德归因于身体，其实与其唯物主义思想有关。伊格尔顿这一思想的理论来源一方面是尼采，尼采认为，“正义、明智、勇敢、节制之根源，确实地说，也是道德所有的现象，本质上都是动物性的”[④]。另一方面来源于马克思、恩格斯的唯物主义思想。伊格尔顿在《审美意识形态》一书中认为，身体是美学的基础，它诞生于18世纪中叶，探讨的是身体经验，而非文学艺术语言。同样，他认为伦理学的基础也是身体，“18世纪崇尚感情和感性，以一种独特的浮夸方式把讨论道德基本上理解为讨论身体”[⑤]。

正是因为道德是建立在人的身体之上的，而人的身体构造又相似，所以，道德才成为人与人之间共享的无差别的存在，不管在何种意义上，即使在后现代社会，道德依旧被需要，也会依旧存在。躯体相似，需要、欲望和苦难文化也便具有相似性，这也就为人们相互的沟通理解、同情创造可能性。

① 伊格尔顿.理论之后[M].商正，译.北京：商务印书馆，2009：137-138.

② 伊格尔顿.理论之后[M].商正，译.北京：商务印书馆，2009：149.

③ 伊格尔顿.理论之后[M].商正，译.北京：商务印书馆，2009：149.

④ 伊格尔顿.理论之后[M].商正，译.北京：商务印书馆，2009：149.

⑤ 伊格尔顿.理论之后[M].商正，译.北京：商务印书馆，2009：149.

但道德的产生并非一帆风顺，当身体遭遇文化堵塞或技术阻碍，则有可能断绝人与人之间的交往。现代科学技术，可以说是人的身体器官的延伸，能够增强身体的工作能力，完成原有身体器官无法完成之事。但也具有一些弊端，那就是削弱了身体之间的互相感知能力，从而使人面对某些问题显得麻木而冷漠。“远距离毁灭他人很简单，但不得不听他们死亡时的尖叫就不那么容易了。军事技术造成了死亡，却抹杀了死亡的感觉。”[①]科学技术拓展了身体的功能和用途，但由于减少了身体接触，也使身体感觉变得迟钝。这可以在马克思主义的异化理论中找到解释。“马克思认为，资本主义通过把我们的感觉器官变成了商品，已经掠夺走了我们的身体”[②]，而要重新恢复身体的感觉和同情，必须进行相当程度的政治改革。

道德究竟是什么？学界观点不一。自然主义者强调人的自然属性，看到的是人与动物之间的连续性；而人本主义者和文化主义者，则强烈反对将人与动物进行比较，认为两者之间不可逾越的鸿沟是超越于自然性的。伊格尔顿认为，道德就是“自然与人类、物质与意义之间的联系”[③]，既然道德产生于躯体，它就无法脱离物质性，同时需要意义性，是物质性和价值性的交汇。而文化主义者和自然主义者的错误，在于偏执于道德的自然性或文化性某一端。

人的身体能够适应比其他动物更多的外界情况。比如，白鼬的生活区域要比人类小很多，只生活在某一固定区域，还无法进行复杂的生产和交流，更不可能像人类一样制造巡航导弹并进行投掷，这是因为它们的感官存在诸多限制。而人类则不同，属于高级动物，有文化有语言，可以实现多种身体交流。

文化对于身体至关重要，人类身体需要依靠文化生存和发展。文化赋予身体以意义、象征、诠释等必不可少的内容，这样人们才能进行文化交流。这实际上是文化主义坚持的观点：“我们的物质本质是从文化上构建

① 伊格尔顿.理论之后[M].商正，译.北京：商务印书馆，2009：150.

② 伊格尔顿.理论之后[M].商正，译.北京：商务印书馆，2009：150.

③ 伊格尔顿.理论之后[M].商正，译.北京：商务印书馆，2009：151.

的。”①他们忽略了人类的自然或动物属性。这导致的一个结果是连死亡这样属于自然主义的生理事件，都被赋予了各种各样的文化属性。身体的自然主义属性是任何文化主义都不可违背的。它会时不时地跳出来，挑战文化主义的权威性。“躯体，这个不合时宜的死亡提醒者，被拔除、洞穿、蚀刻、痛击、充气、收缩、重塑。肉体被改成了符号，暂时延缓了肉体将会慢慢倒下、成为毫无意义的色情皮囊的时刻”，“看似对尸体的称颂，于是，也就可能隐藏了狠毒的反唯物主义——想把这种生猛、易腐烂的材料收集起来，改变成不易腐烂的艺术或话语的形式。身体的复活在文身馆和整容师的咨询室出现”②。由此可见，文化主义者想尽种种方法，企图把死亡变成可控制之物，犹如泥土一样可以揉捏。但实际上，“尸体很不雅观，它们以令人尴尬的坦率宣布了所有物质的秘密：物质和意义没有明显的关系。死亡的那一瞬间就是意义从我们身上血崩之时”③。

伊格尔顿不厌其烦地论证着身体的自然和文化主义之间的矛盾，目的是想说明后现代主义虽然张扬身体，但并没有确立身体的主体性，身体依旧遭受意识形态摆布。自西方启蒙理性和工具理性开始，便认为自然是可以征服的，是可以按照自己的意愿和欲望加以塑造的。这种信念之前被认为是先驱精神，现在则成了后现代主义：“驯服密西西比河和扎肚脐环以佩戴饰物只不过是同一意识形态的先后表述而已。”④后现代主义对于自然身体的任意雕琢和装饰，实际上是把身体当成了属已的身体，当成了个人的私有财产，可以肆意支配：“躯体就像你的银行账户一样是你的东西，随你喜欢怎样用。”⑤

但事实上，身体具有非个人性，伊格尔顿从知觉现象学角度给予了论证。认为身体是非个人的，基于的事实是：“身体在归属我之前，就归属于我们这个物种；而且人类物种身体有许多方面——死亡、易受伤害、疾病

① 伊格尔顿.理论之后[M].商正，译.北京：商务印书馆，2009：156.
② 伊格尔顿.理论之后[M].商正，译.北京：商务印书馆，2009：158.
③ 伊格尔顿.理论之后[M].商正，译.北京：商务印书馆，2009：158.
④ 伊格尔顿.理论之后[M].商正，译.北京：商务印书馆，2009：159.
⑤ 伊格尔顿.理论之后[M].商正，译.北京：商务印书馆，2009：159.

等等。”[①]这些疾病、疼痛就说明了“我”并非自己的身体拥有者。比如，“感到一阵剧痛不同于拥有一顶杂色花呢帽。我能送你这顶帽子，但不能送你剧痛。我可以称我的身体为‘我的’，但这只是标记了我的身体和你身体的不同，并不能表示我拥有它。说到血肉之身，那里不存在私营企业家精神”[②]。由此可见，身体是我们人类这一物种固有的特征，不是本人可以随意丢弃、随意支配的。所以，后现代主义张扬的身体自由，对身体肆意支配，便缺乏合理性。任何人都没有理由篡夺身体的使用权。同时，身体具有外在性，是打开外在世界的一扇窗户。“拥有身体更像掌握一门语言。掌握一门语言，就像我们所见，不像陷身于坦克或被囚禁于牢房，它是置身于世界的一种方式。熟练掌握一门语言就是对自己开放了一个世界，而同时又置身于这个世界之外。这个观点同样也适用于人体。有了身体就有了准备影响世界而非与世界隔绝的方式。”[③]这种影响世界的方式关乎道德。

身体的非个人性与爱有关，爱不是指浪漫或色情，而是指情谊或博爱。对于他人，尤其是陌生人要一视同仁地爱。爱同样是互惠的，因为自我们出生时，便需要他人的照顾才能存活。这是一种物质依赖，同样是道德依赖：“这一物质依赖不能真正地脱离像关心、无私、警觉、保护这样的道德能力，因为我们所依靠的，正是那些看护我们的人身上的这些道德能力。”[④]人在感情生活和社交生活中如果没有道德，便不会成长为人，只会成为具有人形体的动物，从这个意义上来看，“道德和物质成为同一硬币的两面”[⑤]。

这种爱的道德，在为他人创造幸福空间的同时，也为自己创造了幸福。这显然是一种理想的社会状态，是个人全面自由发展的先决条件。这实际是一种社会主义政治。伊格尔顿对后现代主义的身体政治持批判态度，主张的是回归真正的社会主义政治，他主张要在一切都被后现代主义消解的

① 伊格尔顿.理论之后[M].商正,译.北京:商务印书馆,2009:159.

② 伊格尔顿.理论之后[M].商正,译.北京:商务印书馆,2009:159-160.

③ 伊格尔顿.理论之后[M].商正,译.北京:商务印书馆,2009:160.

④ 伊格尔顿.理论之后[M].商正,译.北京:商务印书馆,2009:162.

⑤ 伊格尔顿.理论之后[M].商正,译.北京:商务印书馆,2009:162.

社会里，重建道德理想和社会主义政治。这是一种“建筑在我们类存在物或共同的物质本质上的伦理学和政治学”[①]。

第三节 伊格尔顿的身体话语与女性主义

“政治的批评”是伊格尔顿一向标榜的文论观和批评观，他通过认真考察20世纪的西方文艺理论，得出这样一个结论：一切批评在某种意义上都是政治的[②]。文学理论不应因为是政治的而遭受谴责，而应该因为没有明确意识到它是政治的而受到谴责。那种完全忽视历史和政治的文学理论，只是一种学术神话。

伊格尔顿认为，在文学、文化与政治的关系中，女性主义的文学理论尤为值得关注。主要是因为女性主义关乎人类的最终解放，“女权运动不是一个鼓励的问题，不是一个与其他政治计划并行的特殊运动，而是揭示和探究个人、社会和政治生活各个方面的一个范畴。正如某些局外人所解释的那样，妇女运动的要旨不仅仅是妇女应该得到男人平等的权力和地位；它是对所有这种权力和地位的怀疑。这并不是说，如果有更多的女性参与世界上的事情，世界会变得更好；而是说如果人类的历史‘女性化’，世界就不可能存在下去”[③]。也正是由于女性主义的政治性，“身体语言”已经从文学理论所赋予其的经验主义含义中修正过来，而具有了政治性，“身体语言不是劳伦斯的神经节和阴暗中温和的生殖器问题，而是一种身体的政治，一种通过对控制和支配它的力量的某种认识而对它的社会性的重新

① 伊格尔顿.理论之后[M].商正,译.北京:商务印书馆,2009:164.

② 特里·伊格尔顿.现象学,阐释学,接受理论:当代西方文艺理论[M].王逢振,译.南京:江苏教育出版社,1999:73.

③ 特里·伊格尔顿.现象学,阐释学,接受理论:当代西方文艺理论[M].王逢振,译.南京:江苏教育出版社,1999:145.

发现”[①]。

伊格尔顿虽然肯定了女性主义作为一种政治批评和运动，但对于形形色色的女性主义，他也并非没有微词。例如，欧洲和美国复兴的妇女运动，试图摆脱经典马克思主义理论的影响，因为其无助于解释妇女作为被压迫群众的特殊条件，更无助于推动这些条件的改变。在他们看来，对妇女的压迫既是一个与生儿育女、家务劳动、职业歧视和工资不平等等相关的物质现实问题，也是一个身体的性思想意识的问题，即在男性占统治地位的社会里，男女分别从自己的身体生理性别角度考虑观念和行为的问题。我们必须将性意识问题置于理论和实践的中心，因为“性别歧视和性的作用是涉及人类生活最深刻的个人方面的问题”[②]。如果无视这种人类主体经验，女性主义政治将是不健全的。所以，女性主义才会发展一种基于个人的、自发的和从经验出发的形式和理论。但是，伊格尔顿批评指出，这种女性主义的身体政治会造成一种不利的局面：“它在某些方面好像对妇女之外任何人的痛苦都毫不在乎，对这些痛苦如何从政治上进行解决也漠不关心，就像某些马克思主义者不关心工人阶级之外任何人所受的压迫一样。”[③]因此，女性主义政治不能完全归结为个人主体经验的斗争，还必须把女性主义的身体政治与经济、阶级意识相融合，这又典型地体现出了伊格尔顿作为一个马克思主义者的立场和视角。

在分析一些文本时，伊格尔顿也有意识地坚持这一批评原则和方法。例如，他把身体性征与社会意识形态融合起来，通过分析丁尼生《公主》中的政治和性征，揭示了文本中所隐含的性别歧视。伊格尔顿指出，资产阶级为了维护其统治和社会生产关系的再生产，主要面临着两种矛盾：一种是“资本主义社会形态在需要维护‘阳性’原则的严格纪律的时候，也

① 特里·伊格尔顿.现象学，阐释学，接受理论：当代西方文艺理论[M].王逢振，译.南京：江苏教育出版社，1999：210.

② 特里·伊格尔顿.现象学，阐释学，接受理论：当代西方文艺理论[M].王逢振，译.南京：江苏教育出版社，1999：144.

③ 特里·伊格尔顿.现象学，阐释学，接受理论：当代西方文艺理论[M].王逢振，译.南京：江苏教育出版社，1999：145.

需要‘阴性’品德使峻苛的原则变得和煦可人”[1]，即在推行父亲式的强权统治的同时，也需要母亲式的阴性文明保持俄狄浦斯式的忠诚；另一种是“如果要使社会的生产关系长盛不衰，就必须以成熟性欲的名义克服俄狄浦斯情结。但是，如果要克服欲望的分裂破坏性，就必须使女人‘非性欲化’，使她成为弱化男人的母亲形象”[2]。如何克服和解决这些矛盾呢？伊格尔顿认为，丁尼生的《公主》试图通过重塑拉康所称的象征秩序来解决这些矛盾。

在《公主》文本中，王子是一个身体性征呈现为阴性的男子，他生活在父亲性别歧视的阴影下，具有俄狄浦斯情结，对母亲的形象心仪不已。而这是无助于他进入象征秩序，成长为男人的。因此，为了克服自己的性无能和压抑自己的阴性因素，王子通过男扮女装，以一种“遮掩和移换行为反而加强了他的男性特征”[3]。这仅仅是初步的手段，要想真正成长为男人，则是在迎娶艾达公主之后。艾达公主是一个阳性女子，王子与她结合，才成为理想的自我。这表现在，一是艾达公主的阳性意味着她在一定程度上被剥夺了性欲，将不会对王子的统治造成威胁；二是艾达公主也具有成熟女人的身份，王子与她结婚，意味着王子使一个阳性女人阴性化，他征服了女人性欲的阴性力量，并使自己成为真正的男人。这样便会象征性地使资本主义生产关系得到维持，又不会遭受女性性欲的威胁。此外，《公主》文本也意味着对于女性的性别歧视方式的转变，不再是国王那种蛮横强硬的歧视方式，而开始将某些阴性品质掺入资产阶级国家的性别歧视观念中。因为他们知道，对女人过分管制，可能会引起社会灾难和政治灾难，而通过赋予王子阴性品质，则不会过分压制女人，但却可以更有效地压制她们。而这同时也就解决了资产阶级需要阳性统治，也需要阴性统治的

① 特里·伊格尔顿.历史中的政治、哲学、爱欲[M].马海良，译.北京：中国社会科学出版社，1999：150.

② 特里·伊格尔顿.历史中的政治、哲学、爱欲[M].马海良，译.北京：中国社会科学出版社，1999：150.

③ 特里·伊格尔顿.历史中的政治、哲学、爱欲[M].马海良，译.北京：中国社会科学出版社，1999：148.

目的。

在西方马克思主义学者中，伊格尔顿对于身体话语的倡导是最为积极的，他尤为注重挖掘马克思主义理论中的身体话语，正如他所说："我不是后马克思主义者，我是马克思主义者。"[①]因此，从审美意识形态到文化政治，他都孜孜不倦地从身体角度进行透视和分析，为西方马克思主义的身体话语建构作出了突出贡献。

① 王杰，许方赋."我不是后马克思主义者，我是马克思主义者"：特里·伊格尔顿访谈录[J].文艺研究，2008(12)：81-87.

第四章　列斐伏尔的身体话语：从日常生活批判到空间政治

昂利·列斐伏尔（Henri Lefebvre）是20世纪法国著名的西方马克思主义学者，在其学术生涯中，对于马克思主义始终坚持一种继承和发展的态度和精神，并由此发展了自己的文化政治。在他看来，马克思主义主要关注的是宏观的经济、政治问题，而对于个人的日常生活经验却有些忽视，因此，他便试图在马克思主义理论中，补充上日常生活政治理论，以推动马克思主义的发展。在此基础上，他又转向了空间政治的建构。而无论是建构日常生活政治还是空间政治，他始终借鉴了马克思主义的异化理论，探讨分析了日常生活和空间对于人的异化和压制，同时又从中挖掘了反抗和解放的力量，以实现“总体的人”的理想。

第一节　身体话语与日常生活的辩证法

“日常生活”是贯穿在列斐伏尔学术著作中的一个重要概念，也是他对于马克思主义理论发展的一个重要贡献。列斐伏尔在分析日常生活时，对日常生活中的种种异化现象进行了揭示和批判，由此发展出一种日常生活批判理论。在这种理论中，列斐伏尔既揭示了日常生活中的异化，也发掘了日常生活中蕴含的反抗、解放潜能。而无论是异化还是反抗，都与日常生活中的身体密切相关。

一、日常生活中的批判

对于“日常生活”这个概念的界定，人们一般会根据自己的切身体验和理解，作出一定程度的描述，但如果要求其作出学理上的确切定义，就勉为其难了。列斐伏尔在前后期虽然对日常生活这一概念的理解存在差异，但就一般意义上而言，并未有太大的出入，他在《日常生活批判》第一卷中，对于日常生活的内涵作了具体阐释：“日常生活需要被作为一种残余在整体上把握，因为它是在独特的、高级的、专业化的、结构化的活动被挑选出来用于分析之后的剩余之物。出于专业化和技术化的考察，这些高级活动之间也遗留下了‘技术真空’，需要日常生活去补充。日常生活与所有活动具有深层次的联系，连其差异与冲突都包括其中，成为它们的汇集点、纽带和共同的根基。在日常生活中，人类和个人存在的社会关系的总和，才能以完整的形态与方式表现出来。在现实中发挥出整体作用的这些联系，也只有在日常生活中才能实现与体现出来，虽然通常是以某种总是局部的、不完整的方式体现出来，这包括友谊、同志关系、爱、交往的需求以及游戏等。”①

从这段话中可以看出，列斐伏尔在阐释日常生活基本内涵的同时，也强调了日常生活的重要性。不过，列斐伏尔也同样看到，在以往的哲学史上，对于日常生活采取的却是一种排斥和批判的态度：“在整个历史上，对于日常生活的批判是以多种方式进行的：哲学的和沉思的，梦想的和艺术的，暴力的政治或战争行动，以及回避的和逃脱的。这些批判有着共同的要素：它们是那些特别天才的、头脑清晰的和活跃的人（如哲学家、诗人等）的功绩。但是这种个人的清醒和活跃，通过一种幻觉的外观掩盖了日常生活的深层现实。事实上，他们的表面上个性化的观点，却属于一个时

① Henri Lefebvre.Critique of Everyday Life, VolI [M].Introduction Translated by John Moore, Preface by Michel Trebtish.London·New York: Verso, 1991: 97.

代或一个阶级，因此是日常生活之外的高高在上的统治者思想。”①

而之所以会造成一些人对于日常生活的蔑视和排斥，根本原因在于唯心主义思想作祟。列斐伏尔从马克思的劳动分工导致思想与社会实践分离的异化理论出发，认为要批判唯心主义，必须批判造成异化现象的社会生活，即日常生活。因此，列斐伏尔主张对日常生活及其异化进行批判，他写道：“日常生活批判的日子到来了，存在问题的高级活动开始受到批判(这些高级活动制造了意识形态)。就日常生活这个单词的两重意义而言，意识形态对于日常生活的贬低是片面的。直接的批判应取代间接的批判，这种直接批判包括对日常生活的恢复和用全新的光亮确认其积极的内容。”②

在此基础上，列斐伏尔通过以世俗社会中的身体为线索，考察19世纪末、20世纪初的现代主义文学发现，日常生活虽然在现代主义文学中已得到呈现和认识，但却是被贬低的，而非一种保持着清醒意识的、有距离的对于日常生活的反思和批判。列斐伏尔认为，在1990年之后，两次世界大战的发生培育出人们的世俗意识，使人们观察事情更敏锐明晰，知识和文学技巧也更为精致。同时，艺术领域风靡的“世纪末”颓废思潮，转变为无道德主义思潮。在一定程度上，性问题不再隐秘，知识分子和唯美主义者变得充满欲望；作家和艺术家也发现生活更美丽，更自由。然而，他们却没有发现这个事实，他们正把自己及作品作为商品出售，形而上的冒险、无道德主义以及性自由题材变得更加风靡，这些都反映了资产阶级社会的异化状况。如果对19世纪文学的主题进行分类，列斐伏尔认为，可以归纳为三个主题：一是失败和挫折的主题，以福楼拜的《情感教育》和波德莱尔的《我心赤裸》为代表。二是二元对立，如萎靡与理想、行动与梦想、身体与灵魂等。三是奇迹。在奇迹的旗帜下，19世纪的文学对日常生活持

① Henri Lefebvre.Critique of Everyday Life, VolI [M].Introduction Translated by John Moore, Preface by Michel Trebtish.London·New York: Verso, 1991: 29.

② Henri Lefebvre.Critique of Everyday Life, VolI [M].Introduction Translated by John Moore, Preface by Michel Trebtish.London·New York: Verso, 1991: 87.

续进行攻击，并延续到当下，目的是贬低、怀疑日常生活。尽管奇迹与日常生活二元对立，同行动和梦想、现实和理想一样充满痛苦，并且是失败和挫折的潜在原因，但是，19世纪的作家们似乎依旧忽视日常生活，并继续蔑视这个本真存在的现实生活。

尽管列斐伏尔对于现代主义文学中的日常生活表现稍有失望，但令其宽慰的是，波德莱尔的作品并未把日常生活神秘化，而是勇于直面日常生活、反映日常生活。列斐伏尔认为，波德莱尔的作品抛弃了对于日常生活的形而上学理解和道德说教，他竭力思考人类日常生活而产生的失败、孤独和绝望情感，以及其他二元性，不仅仅体现在精神上，还体现在身体上。他认为，在人的多重二元性中，艺术和自然的对立，对应于城镇和乡村、装扮和不加修饰、衣着和身体的对立；永恒和瞬间、精神和身体的对立，也对应于善和恶、个体和群体的对立。这些二元性虽然不是波德莱尔发现的，也不打算这样做，但他强化了这些对立，以此来反映现代生活。他希望现代生活中的画家们理应拥抱不友善的人群，思索大城市如石头般的冷漠，在瞬间转换中感受永恒。他希望艺术家们在日常生活中应积极揭示其中包含的精神，这精神不在生活之上，也不在生活之外，而是在生活之中，由此来还原日常生活的真实。

如果说以波德莱尔为代表的现代作家只是初步直面日常生活，那么，卓别林、布莱希特则开始更深一步地揭示现代日常生活中的异化。卓别林作为现代电影艺术表演大师，饰演了众多经典的喜剧电影角色，给观众带来欢笑。但是，需要明白的是，“卓别林引人发笑，并不是因为他的扭曲的体态和有趣的面孔，……他的喜剧的秘密不在于身体，而在于身体的相关物：身体与物质世界和社会世界的社会联系”[①]。他以一种类似于物或与物交合的动作，饰演小丑的天真朴素，常常运用日常生活中惯见的各种事物作为道具，如雨伞、折叠椅、摩托车、香蕉皮等，并与之搏斗。种种日常生活中常见的事物，通过卓别林的变形和陌生化处理，开始变得陌生、有

① Henri Lefebvre.Critique of Everyday Life, VolI [M].Introduction Translated by John Moore, Preface by Michel Trebtish.London · New York: Verso, 1991: 10.

趣，令人发笑。这可以看作是对于日常生活的一种批判，一种行动中的批判、乐观的批判。这从卓别林饰演的流浪汉形象中更可以看出。流浪汉是资本主义社会如同制造机器般生产出来的，是人的异化的体现。卓别林在电影世界中加以呈现的这些人物，实际上比真实世界中的人更真实。由此看来，卓别林的电影虽然看似是喜剧，实质上是悲剧，虽然能令观众哈哈大笑，但在放松的瞬间紧随而来的是更厉害的紧张。列斐伏尔认为，这种笑如同拉伯雷等人作品中的笑声，它是对于痛苦的拒绝、摧毁，也是解放："当我们离开黑暗的影院后，尽管发现世界依旧如此包围着我们，但喜剧已经发生，我们感到自己已经被净化，从而更为纯净、坚强地回到平常的生活中。"①

布莱希特的戏剧理论也是列斐伏尔极为推崇的。布莱希特提出了一种不同于古典戏剧的史诗剧理论，在他看来，古典戏剧是超越于日常生活的，对日常生活进行了过滤和净化，一切都是按照规范来设计的。例如，古典戏剧中的矛盾冲突便是按照一定的规范来编排的。总而言之，古典戏剧是用"外在的形而上学和宗教的规则批判日常生活"，"把一种同一性强加于观众与英雄，以及他的意志、冲突斗争之上"②。而史诗剧则没有纯化日常生活，相反，它不断澄清日常生活中的矛盾和弱点，并通过陌生化手段，使观众和演员都与剧情保持必要的距离，以便清醒地意识到日常生活中的矛盾，从而加以批判。因此，对于史诗剧而言，观众的内心活动要多于舞台上演员的身体活动。不过，布莱希特的戏剧理论并非没有缺陷，他提出这一戏剧理论的本来目的是想使戏剧变得身体化、直接化与流行化，但其中不少部分却显得过于思想化，几乎没有在什么地方（即使在德国）变得流行开来。我们对他的陌生化理论也要作辩证理解，这一理论的本意是使观众通过异化的意识实现非异化，通过距离化而对现实及其矛盾保持清醒

① Henri Lefebvre.Critique of Everyday Life, VolI [M].Introduction Translated by John Moore, Preface by Michel Trebtish.London·New York: Verso, 1991: 13.

② Henri Lefebvre.Critique of Everyday Life, VolI [M].Introduction Translated by John Moore, Preface by Michel Trebtish.London·New York: Verso, 1991: 23.

的批判意识，但结果是“观众被这种间距感所异化，即并不真正理解布莱希特的批判意图，而陷入了更深层次的焦虑与麻木状态”①。

二、日常生活中的身体异化

列斐伏尔强调日常生活不应成为被人们忽视和遗忘的领域，并主张对日常生活中的异化进行批判，他以日常生活批判为线索，对迄今为止的恐怖社会历史的统治、压制方式进行了阶段性划分和探讨。

一是古代的恐怖社会。列斐伏尔认为，古代社会是一个阶级严重分化、存在压制的社会，一边是贫穷阶级，另一边是优等阶级，统治阶级主要是通过劝服（意识形态的）和强制（惩罚、法律、条例、法庭，以暴力反抗暴力、军队力量、警察）等手段维护自己阶级的统治和奢侈消费，达到积累目的，在欧洲，罗马天主教拥有官僚和等级制身份，他们大力发展精神力量，来对抗世俗，规劝人们信奉于教会，以此维护和巩固自己的统治。应该说，这仅仅是对压制社会的基础进行研究的一个方面。列斐伏尔认为，在某阶段，统治者会通过多种手段控制生育。在另一个阶段，恰恰相反，统治者会通过各种手段推动人口的繁殖。这种压制与反抗的斗争历史，就是日常生活的历史。因此，在列斐伏尔看来，把对于社会压制的分析仅仅局限于经济状况或制度和意识形态，是不准确的，因为他们都忽略了日常生活中各种微观的身体经验的重要性。相反，应该认识到，压制与反抗是多层面的：性与情感经验、私人与家庭的生活，童年、青少年及成人时期。这些领域都是一些自发的、自然的与身体经验有关的领域，这些领域成为古代恐怖社会压制的重要领域。

二是过度压制的社会。列斐伏尔认为，在这种压制社会里，压制的方法、手段和基础都已改变，通过运用表面上天真、实质上熟练的手段，对家庭这个私人经验渠道实施压制，并把自由描绘为精神的和意识形态的东

① Henri Lefebvre.Critique of Everyday Life, VolI [M].Introduction Translated by John Moore, Preface by Michel Trebtish.London · New York: Verso, 1991: 123.

西，以完全适应物质压制。这种压制的责任也往往被托付给亲近的组织、家庭或父亲，或者托付给个人意识。列斐伏尔还认为，较能代表过度压制社会的一个例子是新教的压制。新教比罗马天主教更聪明和理性，它运用精致的手段实施压制。在新教的压制下，上帝和理性成为个人的一部分，个人应为自己的身体本能和欲望压制负责。还需要明白的是，新教和资本主义的历史联系不应忽略，新教提供了资本主义暗中使用的意象和语言，推动了工业和商业的普遍化，通过尊重良心、忠诚、个人与上帝的联系而占有它们的价值。总而言之，可以这样界定过分压制的社会："为了避免冲突，采取与冲突无关的语言与态度，会削弱甚至取消对立；它的后果和物质化将是特定类型的（自由）民主，在那里压制既没有像过去那样被思考，也没有像过去那样被体验；压制或者被承认和合法化，或者被假托为内在自由的必然条件。该社会保留着暴力但仅仅在紧急情况下使用它，它更依赖内化于已经组织化了的日常生活中的自我压制，压制与通过自我压制（个人的或集体的）而形成的责任相比，成为一种多余。当压制变成了自发性，适应已不仅仅是词语与概念时，一个社会能够宣称进入了自由的王国。"①换句话说，在过度压制社会里，身体的压制已经不再明显表现为外在的压制，更多是一种自我认同和自我束缚的压制。

三是近代恐怖社会。近代恐怖社会是过度压制社会发展的逻辑性和结构性结果，这个社会的特征正如它的命名一样是"恐怖"的，可作如下描述：根据我们的社会理论，充斥着暴力和流血的社会不是最恐怖的社会，因为不管是红色的还是白色的社会，政治恐怖都是短期的。这是特定的派别为建立和维护自己的独裁统治所使用的方法。政治恐怖是地方化的，不能被扩展到社会"身体"上，并且，这样的社会是被恐怖化的社会，而非恐怖社会。在近代恐怖社会里，恐怖是分散的，暴力是潜在的，压制无所不在地实施于社会成员身上，"恐怖社会是一个充满最大程度压制的社会，它无法长久维持自身。它的目标是更加稳定和坚固，保存自己的条件并维

① Henri Lefebvre. Everyday Life in the Modern World[M]. Translated by Sacha Rabinovitch. Transaction Publishers, New Brunswickand London, 1994: 146.

持其存在"[1]，列斐伏尔认为，近代恐怖社会与日常生活密切相关，它就是建立在日常生活组织基础上的。

这种恐怖社会在现代依旧存在，一个主要的表现形式就是由书写统治发展而来的符号拜物教对于身体的规训和统治，这也是列斐伏尔对现代社会异化症状的诊治。列斐伏尔认为，书写对于批判分析恐怖社会具有不言而喻的重要性，强迫的和非暴力的书写，或书写的事物，构筑成了恐怖。

书写在某种程度上意味着一种强制。例如，文化人类学家和历史学家往往把书写的重要性与早期的定居社会的出现联系起来，在定居社会，人们对于土地空间的占据和使用多是以草木、山石作为界标来圈定和划分的，这实际上已经说明了符号的强制性。列斐伏尔认为，原始符号不断发展，便成为书写文字，成为国家、政党宗派团体推行强制权力的工具："书写制作的法律，实际上就是法律，它具有强制性，因为它提出一种态度，它把文本和内容固定，它把过去的记忆持续保存下来，见证了流传与教化，并且建立了永恒不朽、连续不断的历史。"[2]书写物"规定着实践行动的细节、仪式装扮、吃东西的习惯及性行为，也倾向于通过威胁与惩罚推行规定"[3]。

在现代社会，书写符号极度发展，已经成为一种流行时尚，被消费主义所挟持，无孔不入地渗入日常生活的方方面面，制造了一个典型的恐怖社会，异化着人的身体和精神。列斐伏尔以罗兰·巴特的《时尚体系》说明了这一点。在该书的分析中，时尚的主要特征不是适合，它的目标既非人的身体，也非社会活动，而是变化和过时。或者说，时尚同时消除了作为自然存在的身体和作为社会主体的适应，只关心预制，而不关心人们准备穿什么，它已经抛弃了内容。这样的时尚意味着恐怖社会，时尚不是独

① Henri Lefebvre.Everyday Life in the Modern World[M].Translated by Sacha Rabinovitch. Transaction Publishers, New Brunswick and London, 1994: 148.

② Henri Lefebvre.Everyday Life in the Modern World[M].Translated by Sacha Rabinovitch. Transaction Publishers, New Brunswick and London, 1994: 153.

③ Henri Lefebvre.Everyday Life in the Modern World[M].Translated by Sacha Rabinovitch. Transaction Publishers, New Brunswick and London, 1994: 158.

立地造成恐怖统治，而是成为恐怖社会的一部分，造成一定的恐怖：“时尚通过排除日常生活而统治着日常生活；……日常生活在时尚中每天不断更新，然而那里的日常生活是永久被排除的东西。这就是恐怖社会，尤其是作为扩展到知识、艺术、文化等所有领域中的时尚现象。”①

“年轻”是一种恐怖社会的符号消费。年轻作为一种元语言具有商业化特征，往往取用已存在的符号象征来消费快乐、色情、力量与宇宙，利用的途径是歌曲、报刊、文章等。在“年轻”的符号挪用中，色情取代了现实的爱，欲望在日常生活被窒息。欲望建立起自己的符号本质，被符号、视觉和裸露的行为所刺激，成为赤裸裸的符号消费，遮蔽了年轻的本真存在。一句话，性被退化为定型化的社会和理智本质，毁灭了日常生活，造成了恐怖主义。

三、日常生活中的革命力量

日常生活充斥着种种对于人的异化现象，但在列斐伏尔看来，日常生活同时包含着一种解放的、革命的力量，他认为，日常生活是一种具有多重面孔的现实，是压制与解放性质的混合物，我们应该对之进行认真的辩证分析，应该把有价值的、充满生命力的、肯定的内容，从否定的异化的因素中拯救提炼出来。他也曾在这方面批评过海德格尔的关于日常生活的著作中没有认识到日常生活中包含的革命潜力。列斐伏尔认为，应通过建构日常生活的文化政治，来揭示和克服人的异化。

列斐伏尔认为，如果要在日常生活中实现革命，除了要在经济、政治上革命外，在文化上也必须实行文化革命，让日常生活成为艺术品，让每一种技术手段用来改变日常生活。在列斐伏尔看来，文化革命的目标和方向应是创造一种不是制度，而是生活风格的文化，是直接把文化导向经验和日常生活的变革。在这种变革中，强调的是“自觉行为、自觉构想，自

① Henri Lefebvre. Everyday Life in the Modern World[M]. Translated by Sacha Rabinovitch. Transaction Publishers, New Brunswick and London, 1994: 165.

我再生产的条件，以及适应这些条件和现实（身体、欲望、时间、空间），使之成为自我创造物”[①]。而要进行文化革命，可采取以下三种革命路径。

一是性变革与革命。列斐伏尔所提出的性变革不是关于男女关系法律和政治上平等的，也不是性关系上的去封建化、民主化，而是要改变性与社会之间的情感与意识形态关系。在压制社会中，必须通过各种理论和实践手段消除各种性恐怖主义，否则对性的压制可能会扩展到人类的所有精力和潜能领域。虽然性压制应清除，但这并不意味着对于性的放任自流，因为完全无控制会导致欲望的消失与退化，还可能会转换成赤裸裸的需求。这些也是不利于人类社会存在维系下去的。

二是城市变革与革命。列斐伏尔认为，城市是从革命中产生的，而非革命产生于城市，城市经验和为城市复兴、城市自由而展开的斗争，都为一系列革命行动提供了背景和目标。城市能够容忍一切差异，恐怖虽然比其他地方明显，但会遭受到成功的抵抗，抵抗的方式是暴力的（总是潜在的）或是非暴力和劝服的，因为城市的本质是对恐怖的挑战，是一种反抗恐怖主义的方式。城市会给身体娱乐和游戏等提供重要场所，包含着走向节日、复活节日的潜能。城市与那种把创造性行为颠倒为消极被动的行为，以及孤独的、空虚的、凝视的和展示身体符号消费的行为相对立。总而言之，“城市社会将不会使日常生活成为假装，不会满足于对日常性进行不同的思考，但是它会以自己的日常性方式来改变日常性”[②]。

三是节日的重新发现。列斐伏尔认为，应克服日常生活和节日的冲突，使它们在城市社会中和谐相处，这是日常生活文化革命计划的最后一步。节日能使我们重温前现代社会日常生活，让我们不受压制，从容地适应物质现实。在这里，列斐伏尔强调了节日，对于节日，在他考察一个法国小镇时，曾对当地的节日状况作过这样的描述：“节日期间，充满了欢乐：

① Henri Lefebvre.Everyday Life in the Modern World[M].Translated by Sacha Rabinovitch. New Brunswick and London,1994:204.

② Henri Lefebvre.Everyday Life in the Modern World[M].Translated by Sacha Rabinovitch. New Brunswick and London,1994:191.

跳舞、假面舞会（在假面舞会中，少男少女改变自己的衣着，穿戴上动物的皮毛或者面具——对全新的一代而言，这些东西有着紧密的关联，总是一起登台）、赛跑或者其他体育活动，选美比赛、虚张声势的比赛……这是无节制的日子，做什么事情都行。这种过度表现，这种吃喝无度地纵欲狂欢——没有任何限制，没有任何规则。”①由此可以看出，节日具有一种使身体和精神无拘无束、摆脱任何压制的功能。这与巴赫金的狂欢节理论是相似的。狂欢节是欧洲重要的民间节日，源于古希腊酒神祭祀后的狂欢活动。巴赫金认为，狂欢节时的世界是不同于日常生活的世界的，是颠倒的世界。在狂欢节中，全民狂欢，个体不再拘囿、束缚于官方等级的限制，而是尽情游戏、吃喝。在狂欢节中，身体的狂欢功能也得到了突出。由此可以看出，狂欢节就是通过彻底的娱乐放纵和坚持肉身快感，来颠覆日常生活的官方权威和等级制的。这无疑与列斐伏尔的节日反抗日常生活的理论相契合。

四、从节奏理论角度透视日常生活的辩证法

关于日常生活中的身体异化与抵抗，可以用列斐伏尔的节奏理论进一步解释。早年，列斐伏尔在论述尼采及其美学时，便已提到节奏，但详细阐释这个概念，则是在20世纪80年代以后，在他晚年写成的《节奏元素》（“Elements of Rhythmanalysis”）一书中，这本著作则成为他一生的最后一本书，在他去世后，由其朋友和同事帮助出版。节奏包括生理节奏、心理节奏和社会节奏，通过分析这些节奏，列斐伏尔把时间与空间联系起来，以进一步理解日常生活。

那么，节奏是什么呢？或许每个人都认为自己知道，但实际上缺乏知识性。列斐伏尔是把节奏当作一门科学、一种知识的新领域来看待的。列斐伏尔认为，节奏在时空中处处可见、可感受到，节奏是一种重复，只要

① Henri Lefebvre.Critique of Everyday Life, VolI [M].Introduction Translated by John Moore, Preface by Michel Trebtish.London·New York: Verso, 1991:202.

存在节奏，就存在重复，但不是任何重复都是节奏，可能是一种包含着差异的重复运动。可以海浪为例形象说明节奏，海浪是有节奏的，海浪重复运动，形成波谷、波峰，但每一波海浪的运动方位是不尽相同的。在列斐伏尔看来，节奏还与身体密切相关，身体节奏是一切节奏的基础。人类身体的每一个器官都有自己的节奏，并与时空节奏相协调，进一步说，“人的身体是生物的、生理的（自然的）和社会的（通常称为文化的）交汇点，每个层次，每个维度都有自己的特性、时空体，即节奏”[1]。换句话说，人的身体既可以体现出自然节奏，也可以体现出社会文化节奏，这就为探讨日常生活中的身体异化与抵抗奠定了基础。

列斐伏尔认为，日常生活是与节奏联系着的，研究节奏，就是为了深入研究日常生活，日常生活包含着自然节奏和社会节奏，两者相互依赖、相互影响，形塑着日常生活。自然节奏是符合人体生理运作规律的节奏，在昼夜交替、四季轮换中，人在日常生活中经历着喜怒哀乐、生老病死。而社会节奏是由人的身体运动延伸出来的种种社会实践构成的，社会节奏既可能与自然节奏相协调，也可能违背自然节奏。例如，睡觉、饥渴、排泄等生理节奏越来越受到社会环境和工作生活的影响，身体被通过多种方式训练着，被生产、消费、流通等社会经济机构驱使着、压迫着，具有了使用价值和交换价值。在这种情况下，日常生活中出现了身体被异化的一面。但同时，日常生活也显示出了身体的自然节奏反抗社会节奏的一面，因为社会节奏在多数情况下是单调的、机械的、令人生厌的，而自然节奏则是充满无限的生命力的，因此，可以缓冲和抵抗单调重复的社会节奏。这样，便形成了日常生活中的自然节奏和社会节奏的辩证法，从而为日常生活中的身体异化与抵抗提供了理论支撑和说明。

① Henri Lefebvre.Elements of Rhythmanalysis[M].The Cromwell Press,2004:81.

第二节　身体话语与空间政治的建构和超越

20世纪七八十年代，列斐伏尔从日常生活批判研究转向了空间理论的研究，这既是为了进一步拓展日常生活批判研究，也是为了纠偏传统哲学侧重时间而忽视空间的研究趋向。在空间理论研究中，列斐伏尔试图构建一种空间政治学，他认为空间可以压抑身体、粉碎身体，同样可以复原身体、恢复身体，这样，便在某种程度上具有了身体政治美学的意味。因此，在列斐伏尔的空间政治理论中，身体同样发挥着至关重要的作用。

一、社会空间：空间政治建构的前提

列斐伏尔研究空间的意图在于建构空间政治理论。因为在很长的一段历史时期内，空间往往以其客观性和纯粹性被赋予了一种中性的特征，被认为是纯洁的、非政治性的。而实际上，空间在某种程度上，也是一种社会性存在，具有政治性、意识形态性，不是“一个被意识形态或者政治扭曲了的科学的对象”，而是“以历史性的或者自然性的因素为出发点，人们对空间进行了政治性的加工、塑造”[①]。这实际上确认了社会空间的生成与显现，而只有确认了空间是一种社会空间，才有可能建构空间政治学。

社会空间是社会的产物，既非单纯的几何学和传统地理学概念，也不仅仅是社会关系演变的精致的容器或载体，而是一个社会关系的重组与社会秩序的建构过程，对于此，我们可以从以下四方面予以理解：一是自然空间正在逐渐消失，自然现在仅仅作为生产力的原料被使用，一系列的社会体系由此形成它们特有的空间。自然虽然是无限的，具有一定的抵抗性，但现在等待的命运只有毁灭和消失。二是每个社会、每种生产方式都会产生一个属己的空间。社会空间一方面包括再生产的社会关系，即生理之间

① 列斐伏尔.空间与政治[M].2版.李春，译.上海：上海人民出版社，2015：37.

的关系，如性别之间、不同年龄群体之间及特定的家庭组织之间的关系；另一方面是生产关系，如依据社会功能的等级所做的劳动力及其组织的分工。这两种关系并不是分开的，而是相互联系的。三是对于空间作为一种产物的认识必须扩展到生产过程，既关注空间中的事物，又要关注空间的真正生产过程。仅仅关注空间中的事物或空间的生产过程，都是片面的，必须认识到空间作为一种产物，与空间的生产过程是不可分离的。四是空间的历史，即空间的生产、形式和描述的历史不应与系列历史事件相牵连。生产力（自然、劳动力、劳动组织、技术和知识）和生产关系在空间的生产中发挥着至关重要的作用。生产的社会关系的相互冲突必然会在空间中留下痕迹，并革新之。所以说，每一种生产模式都有自己的空间，从一种生产模式到另一种生产模式，必然产生新的空间。尽管社会空间是社会的产物，但存在的现实的幻象与透明的幻象，往往遮蔽了人们对于社会空间的正确认识。

现实的幻象与自然主义和机械唯物论密切联系，都强调空间的自然性和物质性，这实际上是物质空间的性质："空间性被还原为物质的客体和形式，并被归化回到第一性"[①]，它认为客观事物比思维更真实，如果拒绝现实的幻象，则意味着对于思想、观点、欲望的亲近[②]。现实的幻象表现为多方面，如事物和活动的绝对位置和相对位置、地点和环境等；空间和地方的无数物质化了的现象的分布形态、图案和变异；生活世界的具体的和可以图形化的地理，以及形成的有关人类"建设环境"的建筑学与相应的地理学[③]。对于这种物质空间的阅读，可从两个层面进行，要么采取原始的空间分析方法，集中对空间表象进行准确描绘；要么从外在的自然生物、物理过程进行空间的解释。而这在某种程度上会使人们被幻象所蒙蔽，拒绝

① 苏贾.后现代地理学：重申批判社会理论中的空间[M].王文斌，译.北京：商务印书馆，2004：187.

② Henri Lefebvre.The Production of Space[M].Translated by Donald Nicholson-Smith.Blackwell Ltd，1991：29.

③ 索杰.第三空间：去往洛杉矶和其他真实和想象地方的旅程[M].陆扬，刘佳林，朱志荣，等译.上海：上海教育出版社，2005：95.

深入到事物表面之下去探索，从而造成对于社会空间的盲视或简单化理解。在这种情况下，社会空间要么被看作是朴素、客观具体地存在着的，有待充分测量、准确描绘的空间（这是几何学家、空间系统的分析学家、个别历史学家或地理学家的空间）；要么被看作是自然、朴素地给予的空间（这是雕塑家或建筑师与自然协力造就的空间，是环境决定论者或计划决定论者的空间）①。

透明的幻象使空间呈现出一种光明的、可理解的、在行动上摆脱了意志和想象支配的性质。"空间性被还原为单单是一种心理构想、一种思维的方式或一种观念作用的过程。"②列斐伏尔认为，精神空间在概念上并没有明确的限定，所谓的文学空间、意识形态空间、梦的空间等都可称为精神空间。索杰则认为精神空间表现在以下几个方面：按照主观想象的形象把世界用图像或文字表现出来；通过实践先进思想、良好意愿和进步的社会知识来寻求社会、空间公正；凭借富有洞察力的科学认识论来对世界进行沉思，或借助康德的地理观——地理是空间思维方式，甚至是空间想象的"诗学"——来对世界进行沉思；用一些抽象的精神概念来捕捉空间形式的意义③。在这种情况下，社会空间便有可能被精神空间所掩饰，被简化为精神空间，被限定为思维的事物，此种情况下，我们需要借助于思维和言语、言说和书写、文学和语言、话语和文本、逻辑观念和认识论来解读。

应该说，这种把社会空间简化为物质空间，或简化为精神空间的认识的根源在于二元论思想。列斐伏尔认为，对于社会空间的认识应该超越二元论，社会空间既不同于物质空间，也不同于精神空间，而是包容和超越两者的。列斐伏尔为了深入阐释社会空间的性质，提出了"空间三重性辩证法"。

---

① 索杰．第三空间：去往洛杉矶和其他真实和想象地方的旅程[M]．陆扬，刘佳林，朱志荣，等译．上海：上海教育出版社，2005：81.

② 苏贾．后现代地理学：重申批判社会理论中的空间[M]．王文斌，译．北京：商务印书馆，2004：189.

③ 索杰．第三空间：去往洛杉矶和其他真实和想象地方的旅程[M]．陆扬，刘佳林，朱志荣，等译．上海：上海教育出版社，2005：100.

“空间实践”（Spatial practices）。一个社会的空间实践隐藏着那个社会的空间，它提出和预先假定，并慢慢地生产、掌握和利用这个空间。社会的空间是“生产社会空间性之物质形式的过程，因此它既表现为人类活动、行为和经验的中介，又是它们的结果”[①]，从分析的观点看，可以“通过对其空间的译解得到揭示”[②]。列斐伏尔举例说明了资本主义制度下的空间实践，将其与日常生活现实相连，与城市现实的道路、网络、工作场所、私人生活和休闲空间相连。空间实践所包括的各方面是紧密相连的，但这并不意味着可以用思维逻辑去推算或想象它，因为这是一种直接感知的物质空间。

“空间的再现”（Representation of space）。列斐伏尔认为，空间的再现是概念化、精神化的空间，是科学家、规划者、城市学家、专家政要及喜好科学的艺术家等社会精英们的空间，他们往往把实际的和感知的当作是构想的。空间的再现是指在任何一个社会或生产方式中占据统治地位的空间，它偏重语言符号，是智性活动的结果。按照索杰所言，那些控制性、“条理性”的话语构成一个“统治”空间，精神空间成了权力和意识形态、控制和监督的再现[③]。

“再现的空间”（Representational space）。在列斐伏尔看来，再现的空间包含着复杂的符号，有时经过编码，有时没有。它与社会生活私密或底层的一面相连，也与艺术相连。也可以说，再现的空间既是实际的空间，是居住者和使用者的空间，也是艺术家、作家和哲学家描述的空间。在这个意义上可以看出，再现的空间既包括空间实践（感知的、物质的空间），也包括空间的再现（构想的、精神的空间）。

应该说，再现的空间是列斐伏尔最为重视的空间，这与其包含着开放

① Henri Lefebvre.The Production of Space[M].Translated by Donald Nicholson-Smith.Blackwell Ltd,1991:84.

② Henri Lefebvre.The Production of Space[M].Translated by Donald Nicholson-Smith.Blackwell Ltd,1991:38.

③ 索杰.第三空间:去往洛杉矶和其他真实和想象地方的旅程[M].陆扬,刘佳林,朱志荣,等译.上海:上海教育出版社,2005:85.

的政治可能性有关。一方面，再现的空间是一个被统治和被动体验的空间，它遮蔽了物质空间，使事物象征化，并将“非语言的象征与符号构成或紧或松的连贯系统”[①]。另一方面，由于再现的空间兼容了物质空间和精神空间，且两者是平等的，不存在一方先天地优于另一方的情况，这样，便有可能诞生一种反抗空间：这是反抗统治秩序的空间，它是从从属的、外围的和边缘化了的处境产生出来的[②]。由此也就不难明白，列斐伏尔何以对再现的空间情有独钟了。这是因为它是一个既存在统治、压迫、屈从的空间，又是一个存在反抗的空间，只有在此基础上，才有可能建构空间的政治理论。

二、空间政治中的身体异化

空间对于人具有压迫性，尤其是对于人的身体的控制和撕裂会影响人的身体的完整性，这是列斐伏尔的空间政治学的重要内容。空间对于身体的压迫主要是从“空间三重性辩证法”和“空间生产的历史方式”两个维度表现出来的。

在“空间三重性辩证法”理论中，需要说明白的是，空间理论的三重性本身就与身体具有千丝万缕的联系。列斐伏尔认为，当考虑一个团体或社会的主体空间时，就意味着是在考虑与它的身体的联系。例如，空间实践涉及手和身体感官的使用，以及工作时的身体姿态。这些构成了感知外在世界的实践基础。空间的再现可以看成是身体的再现，它往往来源于积累的科学知识，是对各种意识形态的传播，如解剖、心理、疾病和治疗，以及身体与自然及其周围情况的关系等。再现的空间也涉及身体经验，在某种程度上，这种身体经验是复杂和独特的，因为文化在这里交织，既非

① Henri Lefebvre.The Production of Space[M].Translated by Donald Nicholson-Smith.Blackwell Ltd,1991:39.

② 索杰.第三空间：去往洛杉矶和其他真实和想象地方的旅程[M].陆扬，刘佳林，朱志荣，等译.上海：上海教育出版社，2005:86.

完全构想的，也非单纯感知的。

虽然说空间的三重性都与身体有着千丝万缕的联系，但与空间实践和再现的空间不同，空间的再现对于身体完全是压迫性的。列斐伏尔认为，空间的再现是由科学知识预先规划、设计，然后再付诸社会现实的“真实空间”（True space），它往往在社会管理和生产模式中占据主导地位，通过求助于知识和意识形态不断合法化。空间的再现在社会和政治实践中发挥着重要作用，它使人的身体直接经验退缩到知识和概念领域中，剥夺了人的鲜活的身体体验领域，它会通过知识和意识形态干预和修改空间实践，从而影响人在空间实践中的身体感知，也可以说，空间实践遭受到空间的再现的残暴统治。空间的再现对于再现的空间也具有压迫性。再现的空间呈现出“空间的真理”（Truth of space），既与社会实践相联系，又与吁求实践确认的概念相联系，是身体与精神的完美结合体，但其也往往被空间的再现所裹挟，“再现的空间也消失在空间的再现中”。

空间对于身体的压迫还表现在依据“空间生产的历史方式”而分期的资本主义抽象空间里。列斐伏尔认为，每种生产模式都具有自己独特的空间，那么，在生产模式的不断转换中，必定会产生不同的社会空间。列斐伏尔据此将历史上的社会空间分为：绝对空间，由自然片段组成的空间，尚未被政治力量侵犯；历史空间，资本主义初期的空间；抽象空间，资本主义发达时期的空间；差异空间，抵抗的空间、节日的空间。

其中，抽象空间作为资本主义发达时期的空间，完全是摧残、粉碎人的身体的空间，主要表现在以下三个方面：一是几何空间。这是欧几里得的空间，具有同质性，通过施以强大的权力，确保自然空间和社会空间的政治利用，并把三维现实约简为二维（例如，一个计划、一张空白的纸、在纸上画着的事物、一张地图、任何图像或规划）。也可以说，欧几里得的几何空间完全是理性规划、构想的空间，忽视了现实中的身体体验。二是视觉空间。列斐伏尔认为，在资本主义社会，视觉逻辑统治、主导着一切社会实践，可写（隐喻，写与被写成为实践的模式与焦点）与可视（转喻，观看、注视与被看）构成视觉逻辑的两方面。在这个过程中，“视觉跃居其他感官之上，所有源自于味觉、嗅觉、触觉，甚至听觉的感受，都丧失清晰性，然后消失，只留下轨迹、颜色和光亮”[①]，视觉确认了其主导地位，图像艺术（如电影、绘画）也获得了优等地位。这实际上说明了感官等级制的存在。在西方，感官等级制的存在是一个不争的事实。尽管视觉、听觉、触觉、嗅觉和味觉作为人的五种基本官能，对于丰富人对世界的感知和体验功不可没，如同法国的维克多·雨果说过的：“色彩的美款待视觉，曲调的愉悦抚慰听觉，气味的芳香抚慰嗅觉，味道的甜美抚慰味觉，肉体的圆润抚慰触觉。”[②]但是，在这五种基本官能感觉中，视觉、听觉尤其是视觉的地位较高，难以撼动。而其源于古希腊的柏拉图。他坚信世界的本体是理念，而要洞彻理念，必须借助心灵之眼，至于触觉、嗅觉和味觉等感官，由于其容易陷入肉体的放纵和快感之中，应加以拒斥。在他著名的洞穴寓言中，更是把眼睛与理性联系起来，初步确立了视觉中心主义。自此之后，普洛丁、达·芬奇、黑格尔等人从不同角度接受和阐述了视觉中心主义，并将其逐渐推向极致。对于列斐伏尔而言，他虽然并不是一个感官等级主义者，但是，他认识到了资本主义社会被视觉逻辑所统辖。在视觉逻辑下，“所有的社会生活成为眼睛待解的信息、待读的文本”[③]，事物被远远地放逐，成为眼睛冰冷地注视的形象。资本主义社会空间不再有社会存在，完全成为富有攻击性、压迫性的视觉空间。其带来的后果之一是，“视觉领域的扩展、上升，是一系列替代、置换行动的实施，通过这种途径，视觉摧毁了身体的整体，并夺取了其位置[④]。三是雄性空间。这个空间并非完全忽视了现实中的身体体验，而是需要真实的绝对事物去填充。

---

① Henri Lefebvre.The Production of Space[M].Translated by Donald Nicholson-Smith.Blackwell Ltd, 1991:285.

② 沃拉德斯拉维·塔塔科维兹.中世纪美学[M].褚朔维，译.北京：中国社会科学出版社，1991：244.

③ Henri Lefebvre.The Production of Space[M].Translated by Donald Nicholson-Smith.Blackwell Ltd, 1991:286.

④ Henri Lefebvre.The Production of Space[M].Translated by Donald Nicholson-Smith.Blackwell Ltd, 1991:286.

三、空间政治中的身体抵抗策略

当空间无情地粉碎、压抑人的身体时，是否意味着身体在空间中只能遭受打击，而无恢复的可能性呢？当然不是，列斐伏尔便看到了空间对于恢复人的身体整体性的可能性，并积极探索行之有效的方案、策略。

资本主义社会抽象空间会造成身体整体性的粉碎，而为了恢复身体的整体性，列斐伏尔认为，雄伟的建筑是策略之一。这是因为雄伟的建筑是历史性建筑，是整体的艺术作品，不同于现代工具理性指导下建设的摩天大楼。雄伟的建筑可以包含空间的各个方面：感知的空间、构想的空间、活生生的空间等。雄伟的建筑空间给每个社会成员提供了一个成员关系的图像，以及他或她的社会外表的图像。此外，雄伟的建筑空间给每个社会成员都提供了各自的位置，他们之间并不一定会互相排斥，发生矛盾，他们也很容易达成一致。而这又非常容易使压迫的因素转变成快乐赞颂的因素①。可以想见，在这种情况下，人的身体定然不会因为空间矛盾或压迫而分裂、缺失。雄伟建筑对于身体的恢复更具体表现在，抽象空间的知识符号、象征符号是无法覆盖雄伟建筑的各个方面的。雄伟建筑不能被符码化，既不能被约简为语言或话语，也不能约简为概念或体系。雄伟的建筑作品具有复杂性，但根本上不同于散文或诗的复杂，它不是一个待读的文本，只能去表演②。并且，雄伟建筑的性质不是仅仅通过“看”来塑造和理解的，它也具有听觉性③。这样，雄伟的建筑就为应对、克服可读、可视的抽象空间的霸权，提供了可能性。列斐伏尔写道：当访问者步入雄伟建筑空间时，他们会“感觉到自己的脚步，聆听到噪音和歌唱；呼吸着紧张的气

---

① Henri Lefebvre.The Production of Space[M].Translated by Donald Nicholson-Smith.Blackwell Ltd, 1991:220.

② Henri Lefebvre.The Production of Space[M].Translated by Donald Nicholson-Smith.Blackwell Ltd, 1991:222.

③ Henri Lefebvre.The Production of Space[M].Translated by Donald Nicholson-Smith.Blackwell Ltd, 1991:225.

息，跃入一个罪恶和救赎的世界；他们分享着思想，思考和译解着环绕他们的象征符号。他们以自己的整体身体，在整体空间中体验着整体的存在”[①]，“声音、姿态和仪式组织，被纳入一个巨大的仪式性联合体中，打开了无限的视角和意义链——所有这些都被组织进雄伟建筑的整体中”[②]。

除此之外，对于休闲空间的挪用也是抵抗身体异化、恢复身体整体性的策略。人们一般会认为休闲空间摆脱了已有规则的控制，人们在其中可以自由娱乐，其是一个反抗的空间。而实际上，这完全是幻象。因为“休闲如劳动力一样被异化或正在异化着”[③]，“休闲被转化为一种工业，转化为资本主义的胜利，资产阶级霸权延伸到了整个空间”。作为统治空间的延伸，“休闲空间依据功能和等级安排，它们服务于生产关系的再生产”[④]。尽管如此，列斐伏尔还是发现了休闲空间所具有的恢复人的整体性身体的功能。他认为，身体能够复仇，至少呼吁报仇，在休闲空间中，某种“空间和时间的教育术”能够形成：“多亏了身体的各种感官组织，从嗅觉和性到视觉（不对视觉领域予以特别强调），身体趋向于作为一种差异领域来行动。换句话说，它作为整体的身体在行动，摆脱了对应于劳动、劳动分工、工作局部化以及地点特殊化的时间和空间的外壳。在这种趋势中，身体宣称自己是‘主体’和‘客体’要比‘主体性’（在传统的哲学意义上）和‘客体性’（以任何方式碎片化，被视觉、图像异化）更好。”[⑤]

在被资本主义全面控制的抽象空间里，列斐伏尔在休闲空间中发现了一种身体的恢复术和抵抗术，这实际上是一种类似于米歇尔·德·塞托的

① Henri Lefebvre.The Production of Space[M].Translated by Donald Nicholson-Smith.Blackwell Ltd, 1991:221.

② Henri Lefebvre.The Production of Space[M].Translated by Donald Nicholson-Smith.Blackwell Ltd, 1991:224.

③ Henri Lefebvre.The Production of Space[M].Translated by Donald Nicholson-Smith.Blackwell Ltd, 1991:383.

④ Henri Lefebvre.The Production of Space[M].Translated by Donald Nicholson-Smith.Blackwell Ltd, 1991:384.

⑤ Henri Lefebvre.The Production of Space[M].Translated by Donald Nicholson-Smith.Blackwell Ltd, 1991:384.

反抗“战术”。德·塞托作为一名日常生活研究者和情境主义者，认为在资本主义全面管控的日常生活中，大众并非毫无反抗的可能性，而是存在一种反抗的“战术”。所谓的“战术”可“称作估量之举，它由专属地点的缺乏所决定”[①]，具体而言，就是面对强大的统治权力，缺少自己空间的大众不去正面抵抗，而是学会利用他者地点作为自己的场所，与这个空间相游戏，抓住机遇，在转瞬即逝间偷猎、窃取他者空间为我所用。在某种程度上而言，这是一门弱者的艺术。德·塞托还以假发现象为例予以说明。所谓假发现象，就是指工人在为雇主工作时，为一己之利，在工作时间内做自己的事情，为自己工作。这种手段经常被弱者利用，以休闲空间为例，虽然休闲空间成为资产阶级意识支配大众的工具，但这并不意味着大众不能在休闲空间内，采取一种挪用、窃取的方式为自己服务，从而摆脱休闲空间的意识形态灌输的一面，休闲空间可能成为培育身体反抗性的温床。

四、对于福柯消极身体观的超越

列斐伏尔的空间政治理论既看到了空间对于人的身体的压迫和铭刻，也看到了空间对于身体的恢复和完善，从而在一定程度上克服了福柯所认为的身体在空间中毫无反抗能力，只能被动承受的消极身体观的不足。列斐伏尔赋予身体一种积极的反抗性，原因在于：“空间的生产，开端于身体的生产”[②]，“身体在空间中生产自身，也生产那个空间”[③]。

长期以来，大部分哲学家认为纯粹空间所包含的内容，如图形、关系、体积、数字等，是先天给予的存在，而莱布尼茨却不这样认为，他坚持认为空间应该被占据。那么，应是什么占据空间呢？列斐伏尔认为，应是身

① 米歇尔·德·塞托.日常生活实践1.实践的艺术[M].方琳琳，黄春柳，译.南京：南京大学出版社，2009：97.

② Henri Lefebvre.The Production of Space[M].Translated by Donald Nicholson-Smith.Blackwell Ltd，1991：173.

③ Henri Lefebvre.The Production of Space[M].Translated by Donald Nicholson-Smith.Blackwell Ltd，1991：173.

体，“既非一般意义上的身体，也非肉体性身体，而是一个特定的身体。这个身体能够通过姿势指明方向，通过旋转定义旋转度，还能够分界和定位空间”[①]。进一步问下去，应是身体如何占据空间，列斐伏尔认为，这个问题可以转换成另一个问题，即身体能否以自己的行动能力和丰富的能量创造空间？当然，这并不是说，“占据”可以被说成是“生产”，而是说，“身体和其空间之间，空间中的身体安排和身体对于空间的占据之间，有着密切关系”[②]。这个关系就是：活生生的身体，通过支配自己的能量去创造或生产自己的空间；相反，空间的规划，即空间中的歧视性规则，又统治着活生生的身体和其能量的安排。

列斐伏尔着重强调了活生生的身体对于空间的改造，在这里，他是以蜘蛛的活动为例来说明的。马克思认为蜘蛛的活动不能算是劳动，因为它依据的是本能，而非智力。但在列斐伏尔看来，蜘蛛与人类群体一样，能够依据触角划分空间、定向自我。它通过编织网络，在对称和非对称的网中复制自身，同时复制空间、延展空间。列斐伏尔以蜘蛛的活动为例，形象说明了从最初的生物活动空间到广阔的社会空间，都是由人的身体性活动和实践生产、创造和复制的。

身体及其能量是创造空间的动力，不过在西方哲学的发展过程中，却逐渐表现出一种背离身体的倾向：“西方哲学背叛了身体，它积极参与了舍弃身体的伟大的隐喻化进程，它否定了身体。活的身体，既是‘主体’，又是‘客体’，它不能容忍这种概念上的划分。因此，哲学概念陷入了‘无身体的符号’范畴。在逻各斯的统治下，在真实空间的统治下，精神的和社会的被分割开来了，就像全然实际的与构想的、主体的与客体的被分割了一样。……抽象的空间性和实际的空间性彼此凝视却天各一方，它们受到

① Henri Lefebvre.The Production of Space[M].Translated by Donald Nicholson-Smith.Blackwell Ltd, 1991:170.

② Henri Lefebvre.The Production of Space[M].Translated by Donald Nicholson-Smith.Blackwell Ltd, 1991:170.

视觉王国的束缚。”[①]在列斐伏尔看来，尽管空间遭受到了去身体化的劫难，但这并不能遮蔽和否定“空间的生产，开端于身体的生产”的事实，他坚持认为，“整个（社会）空间都从身体开始，不管它是如何将身体变形以至于彻底忘记了身体，也不管它是如何与身体彻底决裂以至于要消灭身体。只有立足于最接近我们的秩序——身体秩序，才能对遥远的秩序（包括国家的和全球的）的起源问题作出解释。从空间观点看，在身体内部，感觉（从嗅觉到视觉，它们在不同的领域被区别对待）所构造的一个又一个层次预示了社会空间的层次和相互关系。被动的身体（感觉）和能动的身体（劳动）在空间里聚合”[②]。列斐伏尔更是坚信：“在今天，身体作为基础和根据，已经超越哲学、话语、话语理论，紧密牢固地建立起自身。一种假设性的新理论，通过超越旧概念重新反思主客体，已经在空间里重新拥抱身体，并把身体作为空间的制造者（或者生产者）。”[③]这实际上就为空间中身体具有反抗性奠定了基础，从而使其超越了福柯的消极身体观，而成为一种反抗的身体观，也使列斐伏尔的空间政治理论得以完善。

第三节　列斐伏尔的身体话语与女性主义

一、日常生活批判理论中的女性主义

英国著名的文化研究学者本·海默尔在《日常生活与文化理论导论》一书中认为，在西美尔的超现实主义和本雅明的工作中，日常生活的领域

① Henri Lefebvre.The Production of Space[M].Translated by Donald Nicholson-Smith.Blackwell Ltd, 1991:407.

② Henri Lefebvre.The Production of Space[M].Translated by Donald Nicholson-Smith.Blackwell Ltd, 1991:405.

③ Henri Lefebvre.The Production of Space[M].Translated by Donald Nicholson-Smith.Blackwell Ltd, 1991:407.

被看作是城市的日常生活，而在这种通达日常生活的领域中，女性在很大程度上是被排除出去的，是缺席的。而发展日常生活理论的一个重要部分，是把前女性主义的理论从它的性别化定向中拯救出来。因此，本·海默尔强调应对西美尔和本雅明的日常生活规划作性别化考察，重新审视日常生活与女性的问题。在这方面，列斐伏尔便自觉地考察了日常生活中的女性问题。

列斐伏尔认为，日常生活与女性的关系最密切，女性承受着日常生活的重担，尽管她们有可能从中获取一些东西来改变境况，但是重担依旧压在她们的肩上。一些女性会因独特的、厌恶的物质而陷入困境，其他女性则会陷入自我假装中，对周围的境况闭上眼睛，陷入泥潭并简单地忽视。她们有自己的替代品，甚至她们自己就是替代品。她们抱怨男人、人类境况、生活、上帝和诸神，她们又总是靠谱。她们是日常生活的主体和牺牲品，或者是客体和替代品（美丽、女性气质、时尚等）。女性在日常生活中要生孩子、养育孩子，要为准备基本的日常生活用品而操劳。在消费社会的日常生活中，女性是商品的购买者和消费者，并成为商品的象征符号。女性在日常生活中是遭受着异化的，但她们对此却毫无意识，这是“因为她们在日常生活中地位模糊——这是日常生活和现代性中的一个特殊的部分——所以她们不能够理解日常生活”[①]。

女性是日常生活中最易遭受异化且异化程度最深的人，但在列斐伏尔看来，女性同样是异化最积极的抵制者。他指出，在日常生活中，女性的权利受到压制和破坏，成为历史和社会的客体，但同时她们又是不可避免的社会主体和基础，创造性来源于身体感觉经验世界的重复。关于这一点，可以用马尔库塞的理论来理解。马尔库塞认为，娇弱、消极被动、感性是女性肉体的特征，这些特征也造成女性被资本主义发展的社会条件所压抑。由于女性参加物质生产过程的机会比男性少，主要在家庭日常生活中从事家务劳动，而家庭与生产过程是分离的，与资本主义异化劳动世界也存在

① Henri Lefebvre. Everyday Life in the Modern World[M]. Translated by Sacha Rabinovitch, Transaction Publishers, New Brunswick(USA) and London(UK), 1994:73.

一定的分离，这样，辩证地看，日常生活便使女性远离现实原则，更接近感性的一面。在这个意义上，女性似乎对于父权制社会构成一种反作用，正如马尔库塞对于德拉克洛瓦的画的描述那样："正是妇女高举着革命的大旗，指引着鏖战中的人们冲破障碍前进。她没有穿制服，她的胸脯袒露着，她美丽的脸庞没有任何残暴的痕迹。但她手中紧握着步枪——为了结束残暴，她要去战斗。"①

二、空间政治中的女性主义

列斐伏尔的空间政治理论同样涉及性别等级和权力的问题，正如罗萨琳·德依采所说："列斐伏尔对权力的空间运作所作的分析，作为一种建构和差异征服，虽然完全立足于马克思主义的思想，但是它否定了经济主义和命定论，使空间政治的先行分析有可能进入女权主义和后殖民主义话语，进入激进民主的理论化。"②举个简单的例子，在列斐伏尔所论述的资本主义社会抽象空间的视觉逻辑下，女性身体尤其容易受到压制和伤害。视觉权力往往是男性权力的隐喻，在男性的视觉权力下，女性身体成为被看的、被消费的对象，而女性又非常配合地与之合谋。

这仅仅是在最基本的意义上探讨了空间政治与性别的问题，列斐伏尔的空间政治还深刻影响了后继的女权主义批判。其中一派是都市主义的女权主义批判，他们关注的是城市空间的性别划分。按照爱德华·索亚的说法，美国的建筑和都市史学家多萝里丝·海顿的著述便受到了列斐伏尔的影响，探讨了19世纪和20世纪早期物质女权主义在美国家园、邻里和城市设计上留下的烙印；美国实验乌托邦社会主义社群中空间和日常生活的性别划分；美国梦的重新设计③。其后发展起来的都市女权主义批判，更是在

① 赫伯特·马尔库塞.审美之维[M].李小兵，译.桂林：广西师范大学出版社，2001：138.

② 索杰.第三空间：去往洛杉矶和其他真实和想象地方的旅程[M].陆扬，刘佳林，朱志荣，等译.上海：上海教育出版社，2005：135.

③ 索杰.第三空间：去往洛杉矶和其他真实和想象地方的旅程[M].陆扬，刘佳林，朱志荣，等译.上海：上海教育出版社，2005：138.

建筑、城市规划、地理中分析了性别空间和男子中心主义、菲勒斯中心的性别歧视。在一些建筑物的设计上，都可以看出性别歧视。例如，公共纪念碑、摩天大楼等公共空间往往被视为为男性所拥有，而女性则被边缘化，她们远离工作地点和公共生活，只能待在家中。

应该说，列斐伏尔所建构的日常生活政治和空间政治，根本目的都是为了恢复人的感性丰富性和整体性，以实现"总体的人"。所谓"总体的人"是指"创造性的、自我创造的人在世界历史中的生成，就是彻底扬弃了异化，消除人与自然、人与人之间的一切矛盾，达到自然性与社会性、感性与理性、抽象与具体、物质与精神等和谐统一和全面发展的完整的人"[①]。作为一种理想的不受异化的个体生存状态，"总体的人"在理论上融合了马克思主义的"人的全面而自由发展"的思想，同时也汲取了尼采的超人和酒神精神。因此，有人认为列斐伏尔的"总体的人"总给人以一种难以看到青年马克思的真实影子的、"过度诠释"的感觉[②]。但无论如何，列斐伏尔以"总体的人"为旨归，试图通过建构日常生活和空间的文化政治，来揭示和克服人的异化，在某种程度上实现了对于马克思主义的继承和发展。

① 吴宁.日常生活批判：列斐伏尔哲学思想研究[M].北京：人民出版社，2007：96.

② 刘怀玉.现代性的平庸与神奇：列斐伏尔日常生活批判哲学的文本学解读[M].北京：中央编译出版社，2006：93.

结　语

至此，通过上文对马克思和法兰克福学派（阿多诺、本雅明、马尔库塞）、伊格尔顿、列斐伏尔等西方马克思主义学者理论中的身体话语进行挖掘和分析，已经可以看出，他们的身体话语在某种程度上，可以对我们在本书的导论部分中所提出的两个问题域给出比较满意的答案。

对于第一个问题域，西方马克思主义显然是除了注重意识形态批判外，同样注重身体批判，只不过，长期以来，人们对他们的身体批判话语有所忽视。实际上，意识形态批判和身体批判构成了西方马克思主义批判的两翼，这意味着他们可以从身体和精神两方面揭示人的异化，要求人在身体和精神上的完善，使人成为身心和谐的主体。

对于第二个问题域，理想的弥合路径是寻求一种能够把本质主义的身体观与建构主义的身体观融合在一起的身体话语，这种身体话语的思路应该是把身体视为一种物质现象，"既形塑着它所处的社会环境，又被后者所行塑"[①]，"兼具社会现象和肉身现象"[②]。在某种程度上，西方马克思主义所言身体便属于此种身体话语。西方马克思主义的身体话语一方面是建构主义的，例如，阿多诺所论述的启蒙理性对于女性身体的压制，本雅明所论述的物时间对于身体的异化，伊格尔顿所论述的统治阶级通过美学对于被统治者身体的驯服，以及列斐伏尔所探讨的日常生活、空间对于身体的控制、驯服等，都典型地体现了身体是由社会建构的。另一方面，西方

① 克里斯·希林.身体与社会理论[M].2版.李康,译.北京:北京大学出版社,2010:7.

② 克里斯·希林.身体与社会理论[M].2版.李康,译.北京:北京大学出版社,2010:95.

马克思主义的身体话语也是本质主义的、反建构主义的。例如，阿多诺所探讨的非同一性身体经验对于同一性的启蒙理性的抵抗，本雅明所探讨的身体时间对于物时间的抵制，伊格尔顿审美意识形态理论中的身体感性的反抗潜能，以及列斐伏尔的日常生活和空间政治中所蕴含的身体狂欢和身体生产空间经验，都典型地说明了身体也是主动的、反抗的。所以，可以说，西方马克思主义理论中的身体话语是本质主义和建构主义的融合，是身体的自然性和社会性的融合，从而得以弥合建构主义身体观和本质主义身体观的局限，在某种程度上实现超越。

附　录

西方马克思主义文论的本质主义困境及解构策略

——以托尼·本尼特的反本质主义文论为视角[①]

内容摘要：托尼·本尼特是英国当代著名马克思主义文论家，他认为，相当一部分西方马克思主义学者对于通俗文学的忽视和批判，主要是受哲学美学的影响，而这并不符合马克思主义的社会化和历史化逻辑。因此，他吁求文学由审美转向政治。而实际上，这是一个反文学本质主义的过程，对于我们当前如何发展马克思主义文论启示颇多。

关键词：托尼·本尼特；西方马克思主义；通俗文学；文学本质主义；阅读型构

在西方崇尚解构和颠覆的后现代社会语境中，马克思主义所努力构筑的总体政治和宏大社会改造理论遭遇了质疑和瓦解。但由此而推论马克思主义理论大厦行将就倾，也是极为不妥的。马克思固然对后现代语境中的一些问题缺乏先知式的有效发言，但这并不意味着完全失语。且不说解构主义者（如德里达、墨菲、拉克劳等）的激进政治中往往承继着马克思主义的革命性话语，即使在西方马克思主义内部，马克思主义的一些理论原

① 原载于《文艺理论与批评》2011年第1期。

则和方法也往往成为其为争取现实问题发言权而进行自我反思和重构的重要资源依托。在这方面的突出代表便是英国当代著名马克思主义文论家托尼·本尼特，他借鉴马克思主义的社会化和历史化逻辑，对卢卡奇、阿多诺、阿尔都塞等西方马克思主义学者所建构的唯心而僵化的文学本质主义进行了质疑和解构，并尝试着描述了合乎马克思主义和后现代主义双重理论逻辑的文学观，从而为我们当前关于文学本质主义问题探讨，以及在新的时代语境中如何发展马克思主义文论提供了诸多启示。

一、通俗文学关涉文学本质主义问题

通俗文学与马克思主义批评呈现何种关系，是托尼·本尼特颇为关注的一个问题。严格意义上而言，马克思、恩格斯对于通俗文学并没有明确论述，只是在个别文章中偶尔提及。例如，在《德国民间故事书》一文中，恩格斯指出了民间故事具有使农民在繁重的劳动之余消遣解闷、振奋精神、忘却劳累的作用，并要求民间故事书的内容应具有诗意、谐趣和道德的纯洁[①]；在《道德化的批评和批评化的道德》一文中，马克思则通过对卡尔·海因岑文章的驳斥，批判了德国16世纪的粗俗文学，认为其“把激昂之情同庸俗之气滑稽地结合一起”，“给语言赋予纯粹肉体的性质”，引起“美学上的反感”[②]。虽然说，这里的粗俗文学并非就是指通俗文学，但粗俗、色情也往往是部分通俗文学的弊病。在这个意义上，不难知晓马克思、恩格斯对于通俗文学总体上是肯定的，但又不失却理性的批评。不过，相比于马克思、恩格斯在通俗文学上的辩证认识，到了后继的相当一部分西方马克思主义学者那里，通俗文学却遭遇了忽视抑或贬斥。托尼·本尼特对此耿耿于怀，分别进行了评析。

卢卡奇只把注意力集中于伟大而经典的“世界历史性的文学”，虽然鼓励“人民”的创造性，但“人民”的创造性并不能自由发挥，而是由别人

① 马克思恩格斯全集：第2卷[M].北京：人民出版社，2005：84.

② 马克思恩格斯全集：第4卷[M].北京：人民出版社，1958：322-323.

代理；戈德曼认为世界观分析法只适用于伟大作品，因为只有伟大作品包含或表达世界观，而通俗文学则不适用；阿尔都塞设定了真正的艺术与一般或平庸的作品的差别，但对后者完全忽略不论；法兰克福学派虽然提出对大众文化要认真和持续的研究，但基本持批判态度[①]。

至于原因，大同小异。例如，卢卡奇以艺术作品是关于现实的整体性影响为据，肯定严肃的现实主义艺术，而否定以娱乐消遣为目的的通俗艺术（容易导致纯粹主观的、脱离现实的映像）；法兰克福学派认为大众文化缺乏控制性的决心、审美蒙昧等。如果据此理解托尼·本尼特的耿耿于怀似乎也合情合理：通俗文学固然有其弊端，但也不至于全然被否定，而应像马克思、恩格斯那样作辩证理解。但实际上，托尼·本尼特耿耿于怀的深层原因在于，通俗文学在西方马克思主义文论中是一个关涉文学本质主义的问题，而这是违背马克思主义的理论逻辑的。

托尼·本尼特认为，通俗文学在西方马克思主义理论视域中，实际上是“一个残存的概念，是对文学进行过描述和解释之后的残余之物。……特定品质是由一系列据说与已经确立的文学特点相区别的属性（如情节的标准化或缺乏性格）所组成的”[②]。即是说，在西方马克思主义的文学定义中，根本就没有为通俗文学预留位置，认为其不能视为文学。而这个所谓的“文学”，在托尼·本尼特看来，并非是托尼·戴维斯所言的“中性的想象或虚构创作的总体”，而是“以特定和确定的方式由教育机器中或围绕教育机器运作的意识形态所构建的经典或一批文本实体”，即“经典化了的传统”。但这里存在的一个问题是，西方马克思主义并没有对“筛选和复制那种经典产生影响的批评和制度化过程”及“文学概念所表明的应该如何看待创作领域之内部组织的历史相对性”[③]进行质询和检讨，反而认为其文学

① 托尼·本尼特.马克思主义与通俗小说[M]//弗朗西斯·马尔赫恩.当代马克思主义文学批评.刘象愚,陈永国,马海良,译.北京:北京大学出版社,2002:205.

② 托尼·本尼特.马克思主义与通俗小说[M]//弗朗西斯·马尔赫恩.当代马克思主义文学批评.刘象愚,陈永国,马海良,译.北京:北京大学出版社,2002:203.

③ 托尼·本尼特.马克思主义与通俗小说[M]//弗朗西斯·马尔赫恩.当代马克思主义文学批评.刘象愚,陈永国,马海良,译.北京:北京大学出版社,2002:207.

范畴可以超越特定社会语境，成为文学的唯一标准，其他“文学”（如通俗文学）则予以排除。这样无疑就把文学僵化、非历史化了，完全是文学本质主义的做法。对此，托尼·本尼特指出这“不光是马克思主义批评本身的遗憾，也不光是政治的遗憾，而且表明对马克思主义的批判工程的错误理解，结果损害了构想和进行经典化文本（这种文本一直是马克思主义批评家纵横驰骋的领地）研究的方式”[①]。那么西方马克思主义文论中文学本质主义形成的深层缘由是什么，又如何违背了马克思主义的理论逻辑，以及如何重新定义文学，便成为托尼·本尼特亟须解决的重要问题了。

二、文学本质主义的成因及文学的政治转向

任何一种文学本质主义观的形成，往往与其背后秉持的哲学、美学理念密不可分。按照托尼·本尼特所言，西方马克思主义本质主义文论的根源在于其形成的哲学美学传统。所谓哲学美学传统是指从20世纪20年代到20世纪70年代，由葛兰西、卢卡奇、本雅明、霍克海默、阿多诺、马尔库塞、列斐伏尔、戈德曼、阿尔都塞等人留下的最丰富的美学遗产。虽然他们把哲学美学与马克思主义理论联系起来，但实际上在他们的哲学美学中难以寻觅到马克思主义的哲学立场：“对于卢卡奇来说是黑格尔，对于科莱蒂是康德，而对于阿尔都塞则是斯宾诺莎。”[②]这样一来，不由让人想起马尔赫恩的警告：“如果马克思主义批评作出的判断到头来是前面的唯心主义传统所下短语的幽灵，那将是令人愕然的。”[③]

而之所以造成这种状况，一个主要原因是，马克思主义作为一门革命性科学，“不仅意味着它是一门为社会和政治革命服务的科学，而且表现在处理问题的方法论革命上。我们现在普遍所知的马克思的社会、经济、政

① 托尼·本尼特.马克思主义与通俗小说[M]//弗朗西斯·马尔赫恩.当代马克思主义文学批评.刘象愚,陈永国,马海良,译.北京:北京大学出版社,2002:204.

② 托尼·本尼特.文化与社会[M].王杰,强东红,等译.桂林:广西师范大学出版社,2007:14.

③ 托尼·本尼特.马克思主义与通俗小说[M]//弗朗西斯·马尔赫恩.当代马克思主义文学批评.刘象愚,陈永国,马海良,译.北京:北京大学出版社,2002:206.

治等思想，并非是对预先存在于资本主义内部的政治、经济和哲学旧问题提出新答案，而是以一系列新问题彻底置换了旧问题”[①]。但在美学方面，尽管马克思、恩格斯经常谈论和涉及，却没有尝试发展自己的理论。这样，后继的西方马克思主义便无法从马克思、恩格斯那里汲取到真正属于马克思主义的美学和文论的问题域。再加之现实语境的改变，西方马克思主义不得不从社会、政治、经济现实中抽身，而转向文化、美学的理论探讨，这就更难以从现实中提出切实的马克思主义美学问题。正是由于这些原因和局限，他们的理论是第二手的，只能是“关于马克思的而非属于马克思的，他们力图通过其他哲学理论体系重新解读马克思，像把马克思与黑格尔联系（卢卡奇）或与席勒联系（马尔库塞）而导出的马克思主义美学理论便都属于这种情况”[②]。这样，尽管西方马克思主义形成了自己丰富的美学传统，坚称可以挑战资产阶级的文论和美学，并解决其问题，但实际上，这些美学传统更多地展现出的是属于资产阶级的问题域，是通过转借已较为成熟的资产阶级批评和美学体系而发展起来的，遵循的依旧是资产阶级美学的轨迹，而偏离了马克思主义最重要和最持久的革新——社会化与历史化的逻辑[③]。这样，资产阶级形而上的、唯心主义的美学也就不可避免地影响了西方马克思主义本质主义文论的形成，这主要表现在以下两个方面。

一是唯心主义的简约论。以康德、黑格尔等为代表的哲学在处理主体与客体、精神与现实的关系时，虽然试图弥合两者的分裂，但终究陷入僵硬的形而上学对立。表现在哲学美学上，往往是“将艺术作品从现实琐事中分离出来，却遗忘了现实琐事在不同语境中调节着艺术作品的生产与接受，结果达成了一种错误的观念，即艺术作品的效果总是处于永恒不变的审美关系的影响之下”[④]。西方马克思主义同样陷入了此种困境中，一方面宣称尊重艺术的超验性，无法接受单纯从艺术的社会状况视角来解释艺术，

① Tony Bennett.Formalism and Marxism[M].London:Methuen & Co. Ltd,1979:107.

② Tony Bennett.Formalism and Marxism[M].London:Methuen & Co. Ltd,1979:112.

③ 托尼·本尼特.文化与社会[M].王杰,强东红,等译.桂林:广西师范大学出版社,2007:22.

④ 强东红.理论与实践:托尼·本尼特的马克思主义文论研究[J].江西社会科学,2009(10):215.

因为它充其量是一门艺术社会学；但另一方面又不想回避从社会历史状况解释审美，以回避形式主义的审美先验性观念和唯心主义的主体既定性观念。为了弥合这两者，西方马克思主义采取了一种将审美对象和审美判断主体均置入历史过程相互生成的策略。但由于审美关系的存在，为防止审美主体和对象受到社会历史过度的、复杂的影响，西方马克思主义不得不采取了一种理想化的处理，即把复杂的社会历史影响过滤掉，而使审美主体对应于精英分子，审美对象对应于经典作品。在这个过滤后的社会历史中，主体不断克服劳动异化，意识最终完善，而艺术作品正是体现了这种过程，并被主体认识到。这样，无论社会结构、社会关系多么复杂，审美作为一种精神与现实之间的不变模式，“都被预先确定，以至于这种关系被坚持，最终被抬升为普遍的易受哲学规定影响的主客体关系”①。这就是唯心主义简约论，而其显然并不符合马克思主义社会化和历史化逻辑，故被托尼·本尼特称为“疲软的唯物主义”“失败的唯物主义”②。在这方面的突出代表是卢卡奇，他认为，文本的价值是根据它们与历史的自我认识规范的接近程度来判断的，当文学作品将重要的社会阶级的经验凝聚起来，并且赋予一种形式，它们就在世界历史文学中占有一席之地③。而通俗文学则因受历史影响较浅，容易导致纯粹的、脱离现实的幻想，故被蔑视。

此外，由于唯心主义简约论过滤了复杂的社会历史影响，那么艺术作品的价值便完全由生产背景决定，并且成为一种连接过去、现在和未来的永恒不变的价值：“文本仍然有待固定的过去却被授予了特权，胜过了它在不同价值共同体中的不同的评价以及接受的真正历史。”④而这显然违背马克思主义的社会化和历史化逻辑。

二是审美多元决定的逻辑。在西方马克思主义理论内部，与意识形态保持何种关系往往是区分文学与通俗文学的一个界线：文学疏离于意识形

① 托尼·本尼特.文化与社会[M].王杰，强东红，等译.桂林：广西师范大学出版社，2007：26-27.

② 托尼·本尼特.文化与社会[M].王杰，强东红，等译.桂林：广西师范大学出版社，2007：14.

③ 托尼·本尼特.文化与社会[M].王杰，强东红，等译.桂林：广西师范大学出版社，2007：27.

④ 托尼·本尼特.文化与社会[M].王杰，强东红，等译.桂林：广西师范大学出版社，2007：29.

态，通俗文学亲近于意识形态。例如，卢卡奇认为文学由于其社会总体性或历史深刻性而高于意识形态；阿多诺认为大众文化是资本主义工具理性和拜物教等日常意识形态合谋的产物，因此，他们主张应倡导一种超越于现实生活的现代主义艺术。不过，在托尼·本尼特看来，这种区分是自相矛盾的。从经验上说，一些通俗的电视节目往往蕴含着颠覆阶级、民族及性别歧视等意识形态话语的潜能，并非与意识形态合谋；从理论上说，任何虚构的文学作品必然都包含意识形态，但在西方马克思主义文论中，“文学”的审美形式可以疏离意识形态，而通俗文学的审美形式则亲近意识形态，这显然不符合理论逻辑。因此，西方马克思主义依据文学与意识形态的关系定义文学是欠妥当的。那么原因何在呢？

托尼·本尼特认为，这主要归咎于西方马克思主义试图把文学视为相对自律，即文学具有一种与其他符号形式相区别的审美形式特性，无论它与经济、政治和意识形态如何作用、呈现何种关系，这种审美形式都是预先规定的，以给予文本“文学性”的称号。马尔库塞的美学便体现了这一点，他承认艺术实践依托于变化的社会历史关系，并据此得以生产、传播、接受，但真正的作品并不存在于社会历史中，而是预先存在于超历史的艺术形式中，是这种艺术（审美）形式决定了艺术的本质[①]。托尼·本尼特还认为，审美形式的功能是恒定的，只有如此，才能获得文学的相对自律和决定自身的能力，那么这种恒定的功能究竟是什么？托尼·本尼特认为，在于帮助我们“看”“感觉”或“感知”它所暗指意识形态的能力，即文学的审美形式具有感知意识形态冲突，疏离意识形态的能力[②]。因此，文学与意识形态便被视为一种等级关系：意识形态是第一层次的符号体系，文学是第二层次的符号体系。实际上，文学的这种内在规定性也是受到哲学美学的影响。那就是西方马克思主义试图借鉴康德对纯粹理性、实践理性和判断力三者之间关系的超验解释，然后形成一种马克思主义变体，在上层建筑中将科学、意识形态、文学抽象地区分，即建构一种“上层建筑的三

① Tony Bennett.Outside Literature[M].London and New York:Routledge,1990:141-142.

② 托尼·本尼特.文化与社会[M].王杰，强东红，等译.桂林：广西师范大学出版社，2007:32.

位一体”[①]。这样，文学便被定义为：文学不是科学，也不是意识形态。殊不知，由于科学与意识形态本身的性质是处于流动中的，将两者本体化、固定化，相互关联来定义文学，显然犯了本质主义错误：“本质主义对马克思主义关于上层建筑的内部组织的讨论已经造成了许多危害。”[②]危害之一便是使西方马克思主义者认为，“通俗文学既不是马克思主义（不包含对社会关系的分析），也不是文学（没有文学的批判‘锋芒’），所以必定是意识形态”[③]。

针对西方马克思主义在文学定义上所遭遇的这种本质主义困境，托尼·本尼特依据马克思主义的社会化、历史化逻辑，认为“文学应从审美领域转向本来就属于的政治领域”[④]，即把文学从审美中解脱出来，强调文学的社会性、历史性、意识形态性。他还尝试对于这种“文学”进行描述：文学是特定社会组织的表征空间的指称；是一系列历史特定制度话语的商定，调节着成了社会实践场所；是一种社会现实和手段，与其他社会实践相互影响。这样定义文学，便能把文学“作为特定社会历史组织和维持的文本运用和作用的场域”[⑤]来进行分析，由此实现文学的政治化。

三、阅读型构作为一种解构策略

尽管托尼·本尼特为了解构西方马克思主义文论的本质主义，尝试着对文学定义进行了政治转向，但他认为这依旧不够彻底，还欠缺对于文本的阅读效果的政治化考量。原因在于西方马克思主义理论视域中的文学价值和意义，要么从多元性被删减为一元性（唯心主义简约论），要么被固定

① 托尼·本尼特.文化与社会[M].王杰，强东红，等译.桂林：广西师范大学出版社，2007:14.

② 托尼·本尼特.马克思主义与通俗小说[M]//弗朗西斯·马尔赫恩.当代马克思主义文学批评.刘象愚，陈永国，马海良，译.北京：北京大学出版社，2002:220.

③ 托尼·本尼特.马克思主义与通俗小说[M]//弗朗西斯·马尔赫恩.当代马克思主义文学批评.刘象愚，陈永国，马海良，译.北京：北京大学出版社，2002:218.

④ Tony Bennett.Formalism and Marxism[M].London:Methuen & Co. Ltd,1979:3.

⑤ 托尼·本尼特.文化与社会[M].王杰，强东红，等译.桂林：广西师范大学出版社，2007:44.

为文本的内在价值（审美多元决定的逻辑），但共同的弊病在于把文学的价值单一化、固定化了。在西方马克思主义阵营中，并非没有人对此有所察觉，比如伊格尔顿，他就很反对文学的“内在价值”，但由于他“急于避免文本散失于杂多和多元的读解之中，他随即强调文本必须对可能的阅读方式形成约束”①，这便又回到了文本中心论立场。托尼·本尼特对此显然不满意，更何况早在《马克思主义与形式主义》一书中，就对俄国形式主义把文学性与社会历史相脱离提出批评，认为这是“文本形而上”。因此，为了使西方马克思主义的文学彻底社会化、历史化，托尼·本尼特认为马克思主义文学批评的目的“不是制造一个审美对象，不是揭示已经先验地构成的文学，而是介入阅读和创作的社会过程。……必须开始从策略角度思考什么样的批评实践形式才能将阅读过程政治化”②。这实际上是吁求阅读政治学的介入。

阅读政治学是在20世纪八九十年代发展起来的阅读理论，它试图消解读者反应批评所一致赞成的“阅读理论的任务是确立解释的权威”③的观点，转而强调读者是被社会和历史建构的，存在种种差异性。阅读政治学的代表有史蒂芬·梅劳科斯的“修辞的解释学”、罗斯·钱伯斯的对抗阅读理论等。托尼·本尼特的阅读型构理论也是阅读政治学的一种。他考虑到以往的一些阅读理论在处理读者与文本关系时，要么忽略读者身份的多变性和接受的主动性；要么把文本作为一个客体、一种结构，无论如何阅读，阅读效果都是预先规定的，因此，托尼·本尼特希望文本与读者应被看成“文化激活文本与文化激活的读者之间的存在，这样的相互作用被物质的、社会的、意识形态的、制度的联系构建而成，文本与读者都不可逃脱地铭

① 托尼·本尼特.马克思主义与通俗小说[M]//弗朗西斯·马尔赫恩.当代马克思主义文学批评.刘象愚,陈永国,马海良,译.北京:北京大学出版社,2002:212.

② 托尼·本尼特.马克思主义与通俗小说[M]//弗朗西斯·马尔赫恩.当代马克思主义文学批评.刘象愚,陈永国,马海良,译.北京:北京大学出版社,2002:222.

③ 安德鲁·本尼特.读者反应批评之后的阅读理论[J].李永新,汪正龙,译.江西社会科学,2010(1):248.

记于此种联系之中”[1]。此便为阅读型构，其概念实际是指读者、文本及它们之间的关系并不是变动不居的，而是在具体的社会历史语境中不断变动的，由此，在阅读型构中产生的阅读效果也是变动不居的。

此外，托尼·本尼特认为阅读型构尤其适用于大众文本的阅读，在他看来，西方马克思主义之所以忽视通俗小说，主要是因为他们遮蔽了通俗小说在社会历史发展中所可能具有的多种价值和意义。因此，大众阅读型构对于解构西方马克思主义本质主义文论的重要性便不言而喻。在这方面的突出例子是托尼·本尼特对系列电影《007》中的大众英雄詹姆斯·邦德形象的意义的分析。他首先梳理了邦德形象的变化：在电影拍摄之前，邦德作为弗莱明小说中的一个人物，是一个冷战时代、宣扬大国沙文主义的英雄；从第一部影片《诺博士》问世后，他逐渐从意识形态对抗中抽身而出，以一个打击国际犯罪的特工角色成为全世界的大众英雄。托尼·本尼特还指出，邦德形象的变化并非是由单个文本（如小说或电影）决定的，而是被邦德小说、电影、人物采访、图片、专栏文章等一系列文本构成社会地、历史地生产出来的。这样，就保证了邦德形象解读的多元性，使其形象不至于被僵化、被固定化。

四、与我国反本质主义文论的对话

通过以上论述可知，托尼·本尼特依据马克思主义的社会化和历史化逻辑对西方马克思主义本质主义文论的反思和解构无疑是行之有效的。而这对于当前部分学者认为马克思主义在后现代社会语境下无以言说的唱衰论调不啻是一种反讽，对于我国如何发展当代马克思主义文艺理论也启示颇多。不过令人遗憾的是，在当前我国的文论界，对于托尼·本尼特的反文学本质主义思想依旧漠视。殊不知，无论是陶东风的建构主义文论，还是南帆的关系主义文论，其实都可以在托尼·本尼特的理论言说中找到共鸣。

① 托尼·本尼特.文化与社会[M].王杰，强东红，等译.桂林：广西师范大学出版社，2007：79.

在我国，建构主义文论的较早倡导者是陶东风，他曾在21世纪初痛感于文艺学教学和文学理论教材编写中存在的本质主义思维模式，因此试图寻求一种能够有效克服文学本质主义的理论言说。经过一段时期的探索，他汲取文化研究、知识社会学及文化社会学的资源，提出了建构主义的文学理论，认为其“并不完全否定本质，而是认为文学的‘本质’是受到社会历史条件制约的文化与语言建构，我们不能在这些制约语境之外，也不能在语言建构行为之外谈论文学的本质（好像它是一个自主的实体，不管是否有人谈论都‘客观存在’着）；……本质主义文学观的核心是认为文学的本质是先验的、非历史的、永恒不变的，是独立于语言建构之外的‘实体’”[①]。由此可见，建构主义文论强调文学是被特定社会、历史建构出来的，不存在超越其上的文学。在此意义上，托尼·本尼特认为西方马克思主义囿于先验的哲学美学影响，把文学作为普遍的审美认知模式的批判，以及重新赋予文学社会性、历史性、意识形态性，实际上就是一种建构主义文论。

关系主义文论是我国另一位反文学本质主义的学者南帆所力倡的。他根据美国实用主义哲学家罗蒂的“除了一个极其庞大的、永远可以扩张的相对于其他客体的关系网络以外，不存在关于它们的任何东西有待于被我们所认识”[②]的论断，认为“考察文学特征不是深深地钻入文学内部搜索本质，而是将文学置于同时期的文化网路之中，和其他文化样式进行比较——文学与新闻、哲学、历史学或者自然科学有什么不同”[③]。南帆在这里表述的“关系”主要是指文学与其他文化样式的关系，其实，“关系”还应包括文学活动内部各要素之间的关系，如文学生产、文本、文学消费等之间的关系，因为历史上一些文学本质主义往往是由于固执偏重其中某一个要素造成的。因此，文学作为一个“生产—文本—接受”的系统活动，

① 陶东风.文学理论:建构主义还是本质主义？——兼答支宇、吴炫、张旭春先生[J].文艺争鸣,2009(7):13.

② 理查德·罗蒂.后形而上学希望[M].张国清,译.上海:上海译文出版社,2009:31.

③ 南帆.关系与结构[M].长春:吉林出版集团有限责任公司,2009:8.

其价值和意义就不应仅仅从文本的内部或生产关系方面去寻找，这只会得到固定不变的价值，而应重视这三者在社会历史语境下交互作用所可能产生的多元价值。托尼·本尼特的阅读型构无疑便是这一思路的有力贯彻，因此，其也可谓是关系主义文论的一种。

由此可见，在托尼·本尼特的反本质主义文论中，既有建构主义文论的成分，也有关系主义文论的成分，其理论含量相当丰富，有待于继续深入挖掘。不过在此需补充的是，常有人担心，建构主义文论和关系主义文论对于文学的社会化、历史化的热衷，是否会走向另一极端，即彻底抛弃"文学性"。笔者在此想说的是，这种担心至少在托尼·本尼特这里是多余的，因为他非常反感"应该废弃文学范畴"[①]的观点，因为这只会导致把文学理论"表述为一系列社会的实体和手段，而不是形式的实体和手段"[②]。所以对于文学范畴的坚持至关重要，"不过只是在它的特性被视为非审美的条件下"[③]。

① 托尼·本尼特.文化与社会[M].王杰，强东红，等译.桂林：广西师范大学出版社，2007：24.

② 托尼·本尼特.文化与社会[M].王杰，强东红，等译.桂林：广西师范大学出版社，2007：42.

③ 托尼·本尼特.文化与社会[M].王杰，强东红，等译.桂林：广西师范大学出版社，2007：24.